"互联网+教育"背景下高校体育教学创新思路研究

马顺江 著

辽宁大学出版社
Liaoning University Press

图书在版编目（CIP）数据

"互联网＋教育"背景下高校体育教学创新思路研究/
马顺江著. 一沈阳：辽宁大学出版社，2020.12
ISBN 978-7-5698-0299-3

Ⅰ.①互…　Ⅱ.①马…　Ⅲ.①体育教学－教学研究－
高等学校　Ⅳ.①G807.4

中国版本图书馆 CIP 数据核字（2021）第 008171 号

"互联网＋教育"背景下高校体育教学创新思路研究
"HULIANWANG ＋ JIAOYU" BEIJING XIA GAOXIAO TIYU JIAOXUE CHUANGXIN SILU YANJIU

出　版　者：辽宁大学出版社有限责任公司
　　　　　　（地址：沈阳市皇姑区崇山中路 66 号　　邮政编码：110036）
印　刷　者：沈阳海世达印务有限公司
发　行　者：辽宁大学出版社有限责任公司
幅面尺寸：170mm×240mm
印　　张：12
字　　数：220 千字
出版时间：2020 年 12 月第 1 版
印刷时间：2021 年 5 月第 1 次印刷
责任编辑：郭　玲
封面设计：孙红涛　徐澄玥
责任校对：齐　悦

书　　号：ISBN 978-7-5698-0299-3
定　　价：59.00 元

联系电话：024-86864613
邮购热线：024-86830665
网　　址：http://press.lnu.edu.cn
电子邮件：lnupress@vip.163.com

前　言
Foreword

"互联网＋教育"作为互联网科技与教育领域相结合的一种新的教育形态，实现了从线下到线上的升级与跨越。从 2015 年以"互联网＋教育"为主题，探索互联网时代信息技术与教育的深度融合，到 2019 年十三届全国人大二次会议提出发展"互联网＋教育"，促进优质资源共享，再到 2020 年 5 月"关于依靠智能信息技术重塑高等教育新形态的建议"，充分展现了国家在互联网和高等教育领域的探索与创新。作为教育变革的新契机，"互联网＋教育"在教育界掀起了一场颠覆性变革。

随着现代信息技术的不断发展，世界已跨入了"互联网＋大数据"时代，慕课、翻转课堂、微课、手机 App、百度传课、iPad 等一系列新兴信息技术逐渐渗透至课堂，彻底改变了教师的教学组织形式和实施步骤，课堂氛围发生了明显转变。古人云："君子生非异也，善假于物也！""互联网＋教育"借助琳琅满目的信息技术之势衍生出诸多智慧型课堂，在师生之间实现了多元交流，推动了优质教学资源的"隔空"共享。"互联网＋教育"的出现给现代教育带来了先进的科学技术和广阔的资源平台，对社会的发展和科技的进步起到了积极的推动作用，具有划时代的意义。

本书聚焦高校体育教学，所针对的是"互联网＋教育"背景下体育教学的改变与发展，尝试将"互联网＋"作为一种教学工具贯穿于体育教学，实现了互联网技术与体育教学的有效融合。本书在深入挖掘"互联网＋教育"背景下高校体育教学特点、功能、原则、目标的同时，探寻互联网与现代体育教学的关系和互联网对高校体育教育模式的影响，分析高校体育发展中所生成的自主协作、运动处方、生态体育、俱乐部、"三联互动"等教学模式，在此基础上实现对高校体育教学的拓展，通过不断地在实践中反思来逐渐促进高校体育慕课、翻转课堂、微课等智慧课堂的生成，最后对体育教学未来发展进行了系统规划和无限畅想。笔者在教学和实践的过程中广泛收集相关资料，积累了大量的教学经验，现编辑出版这本教材，期望为以后高校体育的教学和理论研究尽绵薄之力。然而，由于编者自身知识的限制，其中难免存在不足之处，在此谨请相关专家和深入钻研的爱好者不吝赐教。

目 录
Contents

第一章　高校体育教学基础阐述

体育教学活动古已有之，但在现代社会条件下才得到了迅速的发展。体育教学主要是由教师和学生共同参与的，二者是体育教学活动的主体，缺一不可。体育教学的基本任务是向学生传授体育知识、技术与技能，增强学生的身体素质，培养学生优良的道德意志，从而提高其适应社会的能力。进入 21 世纪以后，随着现代素质教育的不断推进以及现代高校教育的不断深化改革，体育已成为高校教育中的重要内容，高校体育教学受到越来越多的重视和关注。本章主要就现代体育教学基本知识进行阐述，内容包括体育教学的概念、性质、结构、原理、功能、特点、原则、目标，旨在通过这些基本知识的讲解，帮助人们更好地认识与了解体育教学。

第一节　高校体育教学的概念与性质

一、体育教学的概念

有关体育教学的概念，各种版本的体育教材的说法不一。李祥在《学校体育学》中将其定义为"体育教学是教与学的统一活动，是学生在教师有目的、有计划的指导下，积极主动地学习与掌握体育、卫生保健基础知识和基本技术、技能，锻炼身体，增强体质，促进健康，发展运动能力，培养思想品德的一种有组织的教育过程，是实现学校体育目标的基本途径之一"。龚正伟的《体育教学论》指出："体育教学论研究的对象是体育教学。体育教学与其他各科教学一样具有共同性，都是一种有目的、有计划、有组织地对学生传递知识和技能，发展智力和体力，培养品德和形成个性的教育过程。"潘绍伟、于可红的《学校体育学》认为："体育教学是学校体育的重要组成部分，是实现学校体育目标的基本组成形式，体育教学是教师的教与学生的学的统一活动。"姚蕾的《体育教学论学程》指出："体育教学是一种以体育教材为中介，学生在体育教师的指导下掌握体育知识、技术和技能，养成良好的体育锻炼习惯，促进学生身体、心理和社会适应能力健康发展的教育活动。"

笔者认为，不能把目的、任务放在概念之中表述，因为"概念"是人们对客观事物认识的总结，只有概念明确，才能进行正确的思维和判断，进行合乎逻辑的推理，从而获得正确的认识。概念应具有简洁性、科学性。如果把事物的目的、功能、价值等问题放在概念之中表述，就会把概念的内容变得冗长。以上教材中就有这样的表述，笔者认为这是不合理的。

要使概念明确，就必须给概念下定义，定义是提示概念内涵的逻辑方法。最常见的一种下定义的方法是"属＋种差"的方法。列宁说："下定义是什么意思呢？这首先就是把某一概念放在另一个更广泛的概念里。"这就要求我们要找出种概念中区别"这种概念"与"其他种概念"的性质，也叫种差，即被定义概念＝种差＋邻近的属概念。概念中的种差就是我们所指的事物本质，即上述所说体育教学的性质，而属概念则是教学。因此，不难推断出体育教学的概念（本质＋属概念）：体育教学是以体育实践性知识——运动技术为主要学习内容的教学。需要补充的是，把体育实践性知识——运动技术作为主要学习手段是否就不需要体育理论性知识了？答案是否定的。[1]在学习体育实践性知识的同时还要学习体育理论性知识，学习体育理论性知识不只是单纯地通过看书、看报或上室内理论课来获得，而是把身体练习与理论性知识的学习结合起来，把体育理论知识的学习穿插在体育课堂教学的身体练习之中。换言之，就是在运动技术教学的同时传授理论知识。如果靠单纯地看书、看报或上室内理论课等与其他学科无异的形式来学习体育理论知识，那么通过这种方式得到的体育理论性知识是不可靠的。当然，在我们的体育教学中也有体育室内理论课教学活动，但它与一般意义上的理论知识学习不同：一是它的学时非常短，每个学期只有2课时左右；二是它是运动技术学习的补充课，学生有了一定的实践经验后，再学习一些有关的理论知识，可以对已学的体育实践性知识有一个更好的理解。

体育教学的上位概念是教学，它指的是"以课程内容为中介的师生双方教与学的共同活动"，其特点是通过各学科系统知识、技能的传授与掌握，促进学生身心发展。教学的上位概念是课程，课程的概念比教学大，教学是指各学科领域内（如语文、数学、物理、英语、体育等）的师生双边活动，范

---

[1] 胡建国. 对体育教育概念的初步探讨[J]. 青春岁月，2010(22): 59.

围较小，更为具体化。①

因此，体育教学具有明显的学科教学特征，是教与学的双边活动，是体育课程的下位概念，与它同一层次的概念有物理教学、数学教学、语文教学等。体育教学是各学科教学的一部分，体育教学首先应该属于教学，教学活动是体育教学的属概念，是体育教学的第一本位。而表 1-1 中的体育教学的属概念是教育活动，显然有两个漏洞：其一，教育活动是泛指还是特指，没有明确。因为教育的概念有广义（影响人们知识、技能、身心健康、思想品德形成和发展的多种活动）与狭义（特指学校教育）之分，对于这一问题，体育教学的定义含糊不清。其二，教育与教学是两个不同的概念，教学具有学科的性质，是按课程内容实施的教与学的双边活动，把体育教学归为教育范畴未免远离了教学学科的性质。如按其本位顺序排列，体育教学的本位有教学→学校教育→教育→社会活动。

表 1-1　体育教学的概念

体育教学概念	概念要素	本质属性
体育教学是教师与学生的统一活动。具体而言，是学生在教师有目的、有计划的指导下，积极主动地学习与掌握教育卫生保健基础知识和基本技术、技能，锻炼身体、增强体质、发展运动能力、培养思想品德的一种有组织的教育过程	属概念	教育过程
	种差（内涵之一）	有目的、有组织、有计划
	种差（内涵之二）	传授"三基"
	种差（内涵之三）	增强体质、发展心理、培养思想品德

二、体育教学的性质

（一）体育教学的研究对象和范围

体育教学论是体育教育学的一个分支学科，它是研究体育教学过程的规律及其应用的学科。由于体育教学论尚处于构建与发展之中，对其研究的范围意

---

① 孔凌鹤，马腾.现代体育教学的多维分析与创新研究 [M].北京：中国商务出版社，2016：23.

见并不统一。结合体育教学，纵观教学论所讨论和研究的范围，笔者认为体育教学论的研究范围如下：

第一，论述与分析体育教学目标的问题，阐明学校体育教学的目的与任务。

第二，论述体育教材内容、教学大纲的体系、结构，以及其发展变化的情况。

第三，探讨体育教学过程的本质和规律，提高对体育教学过程的本质和规律的认识。

第四，研究体育教学原则，掌握体育教学工作的基本原理及发展身体、增强体质和教育学生的规律。

第五，探讨国内外体育教学方法的改革与实验，同时研究学生的学习方法和能力的培养方法，探索学生自学、自练、自控的规律，研究教法与学法的结构及其内在的联系性与协调性。

第六，探讨发展学生的身体素质，提高学生基本活动能力，加强"三基"教学的规律。

第七，研究体育理论知识教学的原理与方法，提高体育理论知识教学质量。

第八，研究体育教学评估及体育课评估的规律和方法。

第九，研究当前国内外体育教学论的发展趋势。

（二）体育教学论的理论基础

马克思列宁主义、毛泽东思想是无产阶级的思想理论基础，体育教学论与其他各门科学一样，只有在马列主义和毛泽东思想的指导下，才能形成一门思想性、理论性、实践性较强的学科。马列主义和毛泽东思想不仅为体育教学论的形成和发展提供了世界观和方法论的指导，还对体育教育中的一些最根本的理论与实际问题进行了理论的解释和科学的说明，为体育教学论的建立奠定了理论基础。同时，在我国革命和建设的各个历史时期，党和政府有关学校体育所提出的方针、政策、决议和指示等，对体育教学论的建设，特别对创建具有中国特色的体育教学论具有重要的指导作用。

当代科学技术的发展趋势是"向微观领域深化，向宏观领域扩展"，有人称为"既高度分化，又高度综合"。因此，要建立科学的体育教学论，还必须不断运用教育学、教学论、运动生理学、体育心理学、体育保健、系统科学和学校管理学等各学科的最新成果，以不断充实与完善体育教学论，这样才能保持其科学性及先进性。特别是体育教学论同教育学和教学论更有着直接的特殊联系，教育学和教学论所要研究的问题是教育和教学的一般规律，而体育教育学和体育教学论是揭示体育教育和教学的特殊规律。因此，体育教学和体育教学论往往随着教育学和教学论的变化而变化。

因此，作为教育学和教学论的一部分，体育教学和体育教学论往往随其变化而变化。

（三）体育教学的性质分析

性质是决定事物本身与其他事物的最根本的区别，不同的事物性质也有所不同。体育教学与其他学科教学的最根本区别就在于它本身所具有的体育教学性质。这种体育性质使其具有以下特征：

（1）体育教学实践活动的场地一般在户外，但在现代教育条件下，室内的体育教学场所也比较常见。

（2）体育教学中师生都要承受一定的运动负荷与心理负荷。

（3）体育教学过程是身体活动与思维活动的结合，还包括比较频繁的人际交往。

（4）体育教学侧重于发展学生身体的时空感觉以及运动智力。

（5）体育教学更加关注学生自我操作与体验等。

在体育教学中，体育运动技能是教学的主要内容和形式，学生获得体育技能是通过反复的身体练习来实现的。对于运动技能的传授是体育教学与其他学科教学的主要区别之一。

在体育教学中，练习体育运动技能是学生提高身体素质、完成技术动作的一种方法。学生全面掌握体育运动技能，需要经过认知、联系、完善等几个教学阶段才能实现。具体来说，在体育运动技能的认知阶段，学生与体育运动技能之间的联系最为密切，该阶段教学的主要目的就是学生对所学技能的结构、要素、关系、力量、速度等要素进行表象化的认识。从这一角度来看，运动技术不具有人的特性，而只是一种"操作性知识"。

综上所述，体育教学的性质主要表现在它是"一种针对运动技术和知识的教学"，在体育教学中，学生学会了运动知识并将之转化为运动技能。同时，学生在获得"操作性知识"的过程中，技能、认知、情感与社会适应性得到了提高。

第二节　高校体育教学的结构与原理

一、高校体育教学的结构

高校体育教学的结构是实现高校体育目的的关键环节。根据《学校体育工作条例》《全国普通高等学校体育课程教学指导纲要》和《教育部关于进一步加强高等学校体育工作的意见》的要求，我国高校将逐步推行"完全学分制"。高校体育教学内容的主要结构有体育课程教学、课外体育活动、课余体育竞赛和课余体育训练活动。随着高校体育教育的不断改革和发展，体育课程的结构也在不断更新和完善。

（一）体育课程教学

体育课程是高校体育工作的重要组成部分，在培养学生养成良好体育习惯的过程中发挥着重要的作用。体育基础知识、基础技能的掌握，体育兴趣的培养，体育态度的形成以及体育观念的树立，都是通过体育课程教学来实现的。体育课程是高校教学计划中规定的必修课程，它既是高校体育教育工作的中心环节，又是实现高校体育教育目标的基础和基本途径。体育课程教学分为体育理论课和体育实践课两部分。

1.体育理论课

体育理论课是根据教学计划，在室内讲授体育与卫生保健等基础理论知识的课程。根据实际需要，有的理论课安排在学期开始进行讲授，有的安排在重大体育活动日前讲授。根据体育理论教材，按照教学计划和课时进度，系统地向学生传授体育科学知识和体育实践方法，加强学生对体育的理性认识和对体育文化内涵的深刻理解，使学生形成体育锻炼的意识，树立终身体育锻炼的思想。

2.体育实践课

体育实践课教学是以身体练习为基本手段，以教师为主导、学生为主体专门开设的体育教学课程，是高校实现体育教育目标的基本组织形式。目前，我国高校提倡采用"三自主"的教学模式开展大学体育课程教学。所谓"三自主"，就是学生可以自由选择上课时间、自由选择上课内容、自由选择上课教师。这对学生而言选择范围更加宽泛，更有利于发挥其参与体育活动的主观能动性。

（二）课外体育活动

课外体育活动是高校体育课的有益补充，是体育教育体系在时间和空间上的延伸和扩展，是高校体育课程的有机组成部分。由于时间有限，体育课之余大力开展课外体育活动无疑是培养学生体育习惯的重要途径。

课外体育活动主要有以下几种形式：

1.早操

早操即清晨体育活动，是大学生合理作息制度的重要组成部分。它的形式主要根据个人的兴趣爱好来选择，每天应坚持20～30分钟的晨练，一般选择散步、健身跑、广播操、武术、太极拳等内容，运动量不宜过大，以免影响学习。学生坚持做早操，不仅是锻炼个人意志、养成良好生活习惯、促进身心健康的有效措施，而且是每天学习前的一项准备活动。同时，开展早操对于校风、学风建设以及促进校园精神文明也有重要意义。

2.班级体育锻炼

班级体育锻炼是学生结束一天的课程学习之后进行的有目的、有计划、有组织，以教学班为单位，分组、分项且地点固定的组织活动，以选择篮球、足球、羽毛球、排球、乒乓球等集体项目为宜。班级体育锻炼可以增强学生体质，促进健康，陶冶情操，拓宽视野，培养集体主义精神。

3.体育节

体育节是在课外集中一段时间组织全校学生进行的体育活动。体育节时间比较灵活，可用一周或几天，有目的、有计划地组织这一活动。体育节活动内容应该丰富多彩，适应大学生的兴趣爱好，既要生动活泼、富有趣味，又要兼顾知识性和教育性。在举办体育节前要做好充分的准备和宣传工作，调动全体学生的积极性，在相对集中的一段时间内为校园创造一种体育活动的热烈气氛。这对吸引更多大学生自觉参与体育活动有良好的促进作用，也有利于丰富校园文化生活。

4.体育协会或体育运动俱乐部活动

体育协会或体育俱乐部是大学生根据自己的兴趣爱好，自主选择、自愿参加的课余体育组织。它是贯彻实施全民健身计划的重要组织形式，其职能是宣传、发动、组织、指导所属成员参与课余体育锻炼，协助学校体育行政部门和学生会体育部开展群众性体育活动及组织单项训练和竞赛，提高运动技术水平。它的主要特征是将体育作为开展活动的一项内容，把个体的自觉自愿归结在协会或俱乐部相对固定的计划安排内，实行"自主自律，自我管理，自我发展"的管理方式，通过定期的集体活动提高体育协会或体育俱乐部的凝聚力。

（三）课余体育竞赛

竞争是体育竞赛的基本特征。体育竞赛既可以培养学生的竞赛意识，又符合学生的竞争心理需求。因此，体育竞赛是推动学校群众性体育活动开展的有效组织形式，能起到宣传、教育和鼓励的作用。通过运动竞赛这一形式，不仅可以检查体育教学和训练情况、总结和交流经验，还可以选拔体育人才。

在高等学校，运动竞赛分为校内和校外两大类，经常采用的形式有以下几种：

1.学校运动会

高等学校常在春季或秋季举行田径运动会。它的特点是项目多、规模大，能够较为全面地检查学校田径运动开展的情况，进一步推动该项运动的普及和提高。

2.传统项目比赛

各校根据自身实际情况，设置一项或几项传统项目长期开展比赛，如篮球、排球、越野跑、乒乓球、拔河、跳绳等，并要求学生积极参加锻炼和训练，定期举行传统项目比赛。

3.对抗赛

对抗赛是不同班级、院系或学校联合组织的比赛，目的在于互相学习，互相促进，交流经验，共同提高。它的特点是规模较小，便于在业余时间进行。

4.友谊赛

友谊赛与对抗赛基本相同，只是在对象、水平、规则等方面不像对抗赛那样要求严格。

5.测试赛

测试赛是为了达到一定的体育锻炼标准或者了解运动员进步情况而组织的比赛。

6.选拔赛

选拔赛是为了组织某项体育活动的运动队而进行的选拔队员的比赛。它可以单独组织，也可以结合其他比赛进行选拔。

7.表演赛

表演赛是为了宣传体育运动的意义和扩大影响，或者对要开展的项目做示范性介绍而举行的比赛，如武术、艺术体操、广播体操等。表演赛可以单独组织或者在运动会中附带进行。

（四）课余体育训练活动

课余体育运动训练是在群众性体育活动普及的基础上，对部分热爱体育运动、身体素质好又有专项运动特长的学生进行的系统的体育训练过程，是贯彻与提高相结合的一项重要措施。

1.高水平运动队

高等院校办高水平运动队是我国建立多层次、多渠道培养优秀运动员人才梯队建设的战略措施，旨在为我国培养更多的高水平运动员开辟一条新的途径。1987年，原国家教委颁布了《关于部分普通高等学校试行招收高水平运动员工作的通知》，确立了51所可以在全国范围内招收高水平运动员的试点学校。1995年增为53所学校，运动项目比重最大的为田径项目，其他依次为篮球、排球、足球、乒乓球、游泳。目前，各高等院校根据学校实际情况，致力于对高水平运动队的招生、学制及训练与管理的探索与创新，为开创竞技体育人才输送渠道和扩大国际交往的需要，积极创造条件，使课余体育训练逐步走向科学化和系统化。课余训练的目的是提高竞技运动水平，这既可以通过参加不同层次的比赛为学校争得荣誉，又可以为学校培养体育骨干，以指导和推动群众性体育活动的开展。

2.学校代表队

学校代表队的目的主要是代表学校参加校级或上级组织的比赛，项目设置一般根据学校传统运动项目和上级比赛的竞赛规程来决定，其队数和每队人数均比兴趣训练队少。学校代表队一般由运动技术水平较高、学习成绩合格、思想素质较好的学生组成。

3.兴趣运动训练队

只要身体素质好、有专项特长、兴趣浓厚、本人自愿，经过批准就可以参加兴趣运动训练队。项目设置一般根据学校的师资、场地设备、传统运动项目等条件来决定。训练的目的可以为参加校级或上级组织的比赛，也可以不为任何比赛，而仅仅为了增强体质，提高运动技术水平。这种训练队常以单项协会或俱乐部的形式完成训练任务。在这种基础训练队中可以产生以班队、年级队、系队、校队为形式的优秀人才。

二、高校体育教学的原理

（一）体育运动认知规律

体育运动的认知体系具有独特性。在体育教学过程中，体育运动的认知规律是一定要遵循的。体育教学中，运动认知大致经历以下三个阶段：

首先，发展感性认知，奠定必要的感性基础。

其次，在感性认知的基础上进行理性概括，从而促进理性认知的形成。

最后，在体育运动实践中科学灵活地对理性认知加以应用。

具体而言，体育的运动认知体系是一种"身体—动觉智力"，通过体育教学，能够使学生进行物体识别、自我认识、控制体育运动的相关因素（时空、高度、距离、重量、平衡等）的能力不断提高。在体育活动中，表现为学生能对体育事件做出恰当的身体反应，具有控制身体运动、操纵物体的能力，身体与大脑能够协调工作。对此，体育教师在体育教学中应重视培养学生感知时空的能力，提高学生对方向进行正确判别的能力，培养学生从方向、速度以及重量等方面感知器械的能力，以此促进学生运动认知能力的不断提高。

（二）体育运动技能形成规律

学生对运动技能能够充分的掌握是体育教学的主要任务之一，而学生掌握运动技能需要经历一个必要的发展过程，这个发展过程的大致趋势就是不会→会，不熟练→熟练，不巩固→巩固。换言之，就是要经历一个泛化→分化→自动化的变化过程。掌握与形成动作技能的过程与阶段划分没有十分精确的标准，然而就动作技能的结构而言，体育教学中依然要对体育运动技能的形成规律加以严格遵循。

（三）体验运动乐趣规律

在体育教学中，主要教学目的之一就是要注重培养学生的体育爱好与专项能力。这一目的的实现有一个前提条件，即使学生在体育运动中主动体验到乐趣。体育运动乐趣的体验能够使学生对运动技能进行积极的学习与掌握，从而提高自己的体育技能。因此，体育教学要严格遵循体验乐趣这一规律。学生在学习与掌握运动技能的过程中，要经历如下体验乐趣的过程：

首先，学生以自身已有的技能水平为基础进行新技能的学习，在学习新技能中体验新的乐趣。

其次，学生为掌握新的运动技能需要付出一定的努力，需要不断挑战自我，在挑战自我中能够体验到乐趣与成就感。

最后，学生掌握新的运动技能后，需要充分发挥自身的聪明才智与主观能动性来对技能进行创新，在创新中体验、探索与感受新鲜的乐趣。①

第三节　高校体育教学的特点及功能

学校体育是教育的重要组成部分。在教学过程中，加强学校体育教学工作，帮助教师认识体育教学在学校教育中的位置和作用，是推进体育基础教育改革的重要内容。因为学校体育在实现素质教育，提高国民体质方面具有不可替代的作用。学校体育的主要任务是增强学生的体质，促进学生身体及其机能的正常发展，体育专业的学生和教师要想更准确地掌握体育学科的相关知识，优化体育与教学过程，首先应该清楚地了解体育教学的特点，以实现体育教学的科学化。

---

① 孔凌鹤，马腾.现代体育教学的多维分析与创新研究 [M].北京：中国商务出版社，2016：3.

一、高校体育教学的特点

前面已经了解到体育教学是学校教育的重要组成部分，但是由于体育教学较其他学科的教学而言具有很强的实践性，并且在教学的过程中涉及的内容较多，较为复杂，因而体育教学的特点与其他学科有着本质的区别。对于体育教学工作者而言，掌握体育教学的特点也成为必备的知识之一。根据笔者多年对体育教学的研究，现将体育教学的基本特点总结如下。

（一）体育健身的系统性

体育教学的对象是学生，体育教学效果要在学生身上体现出来。学生具有很强的可塑性，体育教学的每一个构思和步骤，都将直接影响学生身心成长。一个好的教学效果在学生身上的体现，不仅是外在肌肉的力量和肌肉线条的流畅、骨骼的完善发育、内脏器官的健康，也包括整体的匀称协调发展，并且是按照生长发育的先后有序而全面地发展。

体育教学内外合一的健身系统性，体现了身体发育的有序性和全面性。

1. 有序性

有序性表现在学生身体形态发展的"序"和身体主要器官发展的"序"。

（1）身体形态发育的"序"与体育教学。身体形态指体格、体形和身体姿势。不同的年龄阶段，形态指标具有明显特征。人的身体形态生长发育顺序是头部优先，上身次之，下肢在后。所以婴儿的体形是头大，上身长，下肢短。但到第二次突增期后，便后来居上，下肢迅速发育，其次是躯干，而头部发育则不明显。到成人时，头长了一倍，躯干长了两倍，上肢长了三倍，下肢长了四倍。

在形态发育过程中，骨骼的发育快于肌肉，所以表现为人体各长度指标（身高、上下肢长、手长足长等）的增长领先于围度或宽度（胸围、臀围等）指标。此外，随着学生年龄的增长，体形也不断发生变化。

从学生身体形态发育的年龄特征出发，体育教学中的"有序"表现在以下时期：学生快速发育期间，应加强合理的运动锻炼，以增强对骨骼的血液供应，促进骨骼的快速增长。此外，通过肌肉的剧烈活动，可使机体获得更多的氧气和营养，从而促进肌肉增长。在第二次生长发育期间，脊柱增长加快，而体重增加较慢，肌肉的支撑力较弱，很容易出现脊柱异常现象。这个时期一定要注意培养学生正确的坐、立、走、跑等身体姿势，加强胸、腰、腹部肌肉锻炼，使之适应脊柱骨增长的速度，促进身体形态的正常发育。同时，由于下肢骨增长较快，下肢在身高中的比例加大，应侧重学生跑、跳、踢等运动能力的发展。

（2）身体主要器官系统发育的"序"与体育教学。

①关于神经系统。青少年神经系统的发育有如下特点：神经的兴奋与抑制过程不均衡，兴奋占优势而且容易扩散，表现为活泼好动，注意力不集中；第二信号系统的发育远远落后于第一信号系统，表现为抽象思维能力较差；青春期由于性腺活动加强，性神经系统的稳定性受到影响，表现为青春期掌握动作的协调能力下降；神经细胞的工作能力较低，神经过程的强度小，代谢旺盛，表现为易疲劳，但恢复也较快。

②关于骨骼肌肉系统。骨骼肌肉系统又称为运动系统。骨骼的发育一般在20～25岁完成，肌肉的发育要到30岁左右才完成。青少年学生的运动系统有如下特点：学生骨骼发育主要表现为长骨的快速生长，骨的成分中水分较多，有机物和骨松质较多，故骨的硬度小，韧性大，韧带薄而松弛，伸长性较好，坚固性较差；肌肉的增长主要表现为长度的增加，肌纤维细长，故肌肉力量和耐力差；大肌肉群发展快而早，小肌肉群相对晚些；到性成熟阶段，身体各部分宽度指标增长加快，骨骼的粗硬程度和肌肉力量明显提高。

③关于呼吸系统。小学和初中学生胸廓狭小，呼吸肌较弱，呼吸表浅；高中和大学生呼吸肌增强，呼吸频率逐渐减慢，呼吸深度加大。肺活量随年龄增加而增大，到发育突增期尤为明显。中小学学生呼吸调节机能较差，最大吸氧量也低于大学生，运动时负氧的能力相对较差。

④关于心血管系统。心血管系统是人体发育最晚的系统。学生心血管系统的特点如下：学生的心脏发育不如骨骼肌快，心肌纤维细，心收缩力较弱，心率快，但血管壁弹性好，对心脏射血有较大的缓冲作用；大血管和毛细血管口径相对大些，血液外周阻力小，收缩压低；植物性神经对心脏调节功能不完善。与大学生相比，中学生心脏每分钟输出量偏低，主要靠加快心率来增加心输出量，随年龄增加，心收缩力逐渐增强，心率逐渐减慢。

从青少年学生主要器官系统机能发育的"序"出发，体育教学中的"有序"表现在以下几个方面：

小学阶段，应采用各种练习全面发展身体，为增强各器官系统的功能打好基础。初中阶段，应全面提高身体素质；在青春发育期，应在身体全面发展的基础上扬长避短，同时注意加强体能薄弱环节的锻炼。小学生和中学生大脑皮层神经过程兴奋和抑制不平衡，因而体育教学内容和组织教法应多样化，防止较长时间重复单一内容的练习。

在安排体育教学的负荷时，运动强度不宜过大，而运动密度应稍大一些，运动强度也应随年龄的增加而增大。在高中、大学的体育教学中，除应多安排不同负荷的各种练习以发展大肌肉群力量外，还应同时安排发展小肌肉群的各种练习。

2. 全面性

体育教学是增强学生体质、提高其健康水平的过程，不仅具有使学生精力充沛、顺利完成各项学习任务的近期效益，而且具有奠定终身体质基础、延年益寿和提高民族素质的长期效益，故体育教学中的全面性体现在以提高健康水平为目标，使学生身体各个部分、各种运动能力、身体素质及生理机能都得到均衡、对称、协调的发展，克服对局部肌肉力量、筋骨强壮和意志磨炼的片面追求，避免对人体局部机能的强化和单项运动能力的强求。在生物学指标（遗传因素）、医学指标和生理指标的监督下，应尊重学生的先天条件、兴趣爱好和性格特征，区别对待，因人施教，促进其全面发展。

（二）教学环境的开放性

教学环境是指开展体育教学活动所需要的硬件和软件条件的综合。在体育教学中，良好的体育教学环境在其中具有非常重要的影响，如果缺少良好的体育教学环境，那么整个体育教学质量就会受到较大的影响，甚至会对体育教学的顺利开展产生非常严重的影响。

目前，我国体育教学多以体育实践课为主，体育教学实践活动多在室外进行，体育教师组织的大多数体育课主要在学校操场进行。与其他学科主要是在封闭的教室、实验室等地方开展教学活动不同，体育教学的教学空间富有变化性，环境更加开放。[①]体育教学环境的开放性决定了体育教学具有不同于室内教学的特殊要求，在室外开展教学活动应注意以下几点：

（1）由于体育课多在操场进行，受到的干扰因素较多，如天气、地形、周边设施与噪声等，因而体育教学的组织管理工作会比较复杂，需要精心设计与统筹安排体育教学的组织形式、教学步骤与方法。

（2）室外的体育教学是动态的，学生大部分时间都处在不断变化与形式多样的运动中，而且班级内学生较多，因此教师可采取分组教学。

（3）在体育教学中，考虑到一些学校的体育基础设施条件较差，体育教师应进一步提升对学生安全教育的重视程度。

（三）教学内容的情感性

体育教学的内容非常丰富，通过体育教学内容的学习，学生可以普遍从中体会到源自体育的丰富情感。具体而言，学生丰富的情感体验在体育教学中主

---

① 崔艳艳. 我国普通高校体育教学环境研究 [D]. 石家庄：河北师范大学，2012.

要表现在以下几个方面：

（1）体育具有美育价值。在体育教学过程中，师生可以体会到只有体育才能赋予人的人体美和运动美。一方面，学生通过接受体育教学，掌握体育健身的方法和技能，以此达到运动塑身的效果，使身体外在形态保持优美的线条和良好的身材比例；另一方面，通过练习不同运动项目，学生可以认识到人体不同的动作展现，通过体育教学中对美的感受，可以提高学生的审美能力。既然有美的存在，那么就要有欣赏美的人和能够欣赏美、懂得如何欣赏美的能力。动作美和肌肉的动态美只有在运动中才能看到，是极为外显的美。

（2）在体育教学过程中，学生可以通过参与体育活动陶冶情操，平衡心态。例如，教育学生在关键时刻始终保持冷静的心态，或是在胜利时表现出谦虚的态度等。

（3）体育教学能使学生真正领悟体育精神。每一项运动都向人们表现出了不同的美的特点和审美特征，如球类运动可以表现个人对球类技术的掌握能力，集体球类项目中除了个人能力外，还包含与队友之间的协作和互助精神。这些内容都是人类积累下来的丰富的体育内涵，而体育教学能促进学生感受体育的精神美，掌握体育的精髓。

（4）体育教学是一种创造性的社会活动，其创造的成果就是让学生获得内在的顿悟和精神上的启迪。同时，体育教学有利于学生与学生、教师与学生之间的沟通，有利于提高学生的社会适应能力和应变能力。

（四）教学过程的直观性

体育教学过程拥有直观性特点。这种直观性主要体现在讲解、示范和教学组织管理三个方面。具体分析如下：

首先，教师对教学内容的讲解具有直观性的特点。体育教学过程中，不仅要求体育教师与其他学科教师讲解要求一致，还要求其语言更加生动，并且富有一定的肢体表现能力，以使学生产生一个形象、贴切、有趣的感觉。尤其是在某些拥有较难技术动作的体育运动教学中，教师不仅要对体育教学重点进行详细的描述，还要用生动形象的语言把复杂的技术动作进行简单化的讲解，以便于学生理解。

其次，教师对体育动作技能的示范具有直观性的特点。体育教学过程中，每一个体育项目的教学都涉及技术动作或战术配合。为了加深学生的理解和认识，教师有必要进行动作示范和实践演示。在运用示范法时，教师需要做出非常直观形象的动作示范，包括正确动作的演示和错误动作的演示，且不能有任何的艺术加工和变形，这样才会使学生从感官上直接感知动作的正确与否，以利于他们建立正确的、清晰的运动表象。学生建立正确的运动表象后，应再配合教师的讲解，使之与思维相结合，以更好地掌握体育知识、体育技术和技能，进而促进身体素质的改善，从而提高运动水平。

最后，教师对体育教学的组织与管理具有直观性的特点。体育教学中，教师与学生接触更多，关系更融洽，对学生的组织与管理也带有直观性，如要更加富有责任心、更具有活力，这对学生的身心也是一种无形的教育，有助于教师对学生的观察与帮助。另外，把控教学过程也能为学生创造轻松的教学环境，使学生在教学中表现出自己最为真实的一面，这有利于体育教师获得正确的教学反馈，并及时修正。

（五）教学条件的制约性

体育教学内容丰富，涉及要素较多，使体育教学受到很多客观条件的制约，这是体育教学的重要特点之一。体育教学活动受到的制约主要有学生运动基础，学生其他基本情况（年龄、性别、生理和心理特点），体育教学场地条件、器材、气候等。这些因素都会影响体育教学质量的高低。具体来说，主要表现在以下两方面：

首先，就教学主体来讲，学生作为体育教学过程中体育知识与技能传授的受众，与学生有关的诸多情况会对体育教学本身造成一些影响。因此，体育教学要想进行得顺利并获得良好的教学效果，就要注重在学生的运动基础方面以及体质强弱等实际情况的区别对待。比如，根据男生与女生不同的身体形态、机能水平、运动能力等，要求学校体育教育部门和体育教师在进行教学设计、教材选择和教学组织等方面制定时考虑周全，否则就会影响教学目标和教学效果的实现。

其次，就教学环境来讲，体育教学环境是体育教学的重要载体，其质量的高低会对体育教学产生较大影响。例如，体育教学活动多在户外开展，可能会面临空气污染或邻近马路带来的噪声污染等问题，而这势必会影响体育教学主体在教学活动中的状态与情绪；天气对于室外体育教学的影响也是不能忽视的，这点在早年间十分明显，如遇到雨、雪、大风等恶劣天气时，体育教学就会被迫停止，转而来到室内进行一些体育理论课的教学，而这势必会影响体育实践课的教学计划。

总之，体育教学受多种体育教学条件的制约。要想顺利开展体育教学，摆脱不利于体育教学的各种条件因素的影响，从学年的体育教学计划到具体课时计划，从教材内容选择到教学组织方法实施，体育精神都必须考虑某些客观实际与影响因素，结合教学实际，科学地选择体育教学的内容、方法和组织形式，尽量将制约因素的影响降到最低。

（六）人际关系的多边性

体育教学过程是教师与学生、学生与学生进行互动的过程，这种互动过程在人际交往中占据重要位置。现代体育教学的组织形式主要在单人、双人、小群体以及全班之间不断转换，要求学生在不同的时空内完成不同的身体运动，不断地变换角色地位，彼此之间建立多种不同的联系。因此，在体育教学中，师生之间、学生之间、小群体之间具有频繁且形式多样的人际交往关系。

针对体育教学过程中人际关系的多边性特点，体育教师可以运用多种方式与学生交流与沟通，并引导学生相互之间进行配合、鼓励与评判，教会学生在体育课堂中初步体会社会交往，培养学生的合作意识，提高其人际交往能力。

（七）身体活动的常态性

体育教学中，学生需要不断重复学习体育运动技能，这也决定了学生在体育教学活动中要经常进行身体活动，即体育教学具有身体活动的常态性特点。体育课堂教学过程中，教师与学生的身体操练非常频繁，这种近乎于常态化的特点已成为体育教学非常显著的特点。

一般性（主要是指文化类学科）的教学，多在教室（实验室、多功能厅）进行，且要保持相对安静，这样才能激发学生的思维并产生较好的学习效果。而和这些学科相比，体育教学却刚好相反，其教学地点多为户外或专用运动场馆，普遍较为宽阔，而且在大多数时间的运动技术练习环节并不需要刻意保持安静，学生之间、学生与教师之间都可以随时进行相关交流和沟通，如此才更有利于对运动技术的学习。

体育教学要求学生应掌握基本的运动技能，体育教学过程中充满了对身体活动的要求是体育教学与其他学科教学的最大不同之处。因此，在体育教学中，几乎所有内容都涉及身体活动，或者是为即将到来的身体活动做准备。在体育教学过程中，不仅学生要进行一定的运动，教师在做示范、做指导和参与组队教学赛中也需要付出不少体力。可见，体育教学身体活动常态性的特点不止针对学生，同时也针对教师。

二、高校体育教学的功能

随着教育理念的转变以及教学的改革，素质教育已经成为当今时代教育的重要指导思想，体育教学在这种新的教学观念的影响下，也更加明确了其作为健康教育的一种手段，已经被赋予了更多新的内涵和功能。素质教育中所提倡的健康教育，并不仅仅是指身体上的健康与没有疾病，同时还强调对学生心理健康的教育和对社会适应能力的培养。

素质教育最关键的内容之一就是培养学生发现问题、解决问题的能力，在反复的实践中，逐渐培养学生努力实现自身价值的意识。在此教学目的的引导下，健康教育已然成为素质教育的手段和具体体现。无论是在体育教学中开展的小组教学，还是以游戏形式进行的体育教学，都能在实践中培养学生独立思考、团结合作、人际交往和适应环境的能力。

体育教学的功能主要体现在健身、健心、健美、育人等几方面，下面就这几方面的功能展开具体的研究与分析。

（一）健身功能

在体育教学中，学生必然要通过身体练习来参与体育学习，这就要求学生在练习中需要承受一定的运动负荷，这种负荷会在不同程度上刺激与影响学生的机体，练习内容、练习持续与间歇时间、练习量、学生的体质等因素会影响运动负荷对学生机体产生刺激的程度。例如，在田径运动教学中，学生进行短跑练习能够使自身的肌肉素质提高，参与长跑能够使自身的心肺功能增强。然而，在练习中，学生需要掌握一定的度，也就是需要合理安排负荷量，如果进行超负荷的身体练习，不仅不会达到健身的效果，反而会对机体造成损害。

健身功能的发挥也与学生的体质具有一定的关系，如果学生的体质较好，就可以安排其参与较大运动强度的练习；如果学生的体质较差，但仍安排与体质好的学生同样强度的练习，就会损害其身体健康。因此，要充分发挥体育教学的健身功能，还需要遵循体育教学的基本规律，这样才能使学生达到良好的健身效果。

（二）健心功能

体育教学不仅有利于学生的身体健康，还有利于学生的心理健康，这主要体现在以下几方面：

1.保持良好心情

学生在参与体育运动技能训练时，要遵循一定的节奏规律，而且上下肢需要协调配合，使身体的各个部位全部参与其中，这样才能完成规范动作的练习。全身部位参与体育活动有利于缓解肌肉紧张，有规律的节奏能够使学生舒缓神经、缓和情绪，从而享受体育运动带来的乐趣。在体育锻炼的过程中，学生全身肌肉基本处于放松状态，其精神也随着身体的放松而不断放松。因此，体育运动锻炼不仅能够使学生缓解精神压力而获得有效的休息，而且能够使其维持良好的情绪与心情。

2.缓解紧张情绪

学生在日常学习中会承受不同程度的压力，各种各样的压力使其精神总是处于低落与紧张的状态。学生可以在课余时间选择自己喜欢的环境进行体育运动锻炼，这样有利于获得轻松愉快的心情。通过参加校园体育运动，学生自身的紧张情绪可以得到调节，从而产生愉快的感觉，使自身神经系统保持兴奋的健康状态，轻松地投入学习中。

3.防止心理疾病

随着现代社会的不断发展，人们的生活质量得到了较大的改善和提高，但社会竞争压力也越来越大。这一客观实际势必会对人们的生理健康造成消极的影响，而且人在巨大的压力下也更容易产生心理疾病。对于学生而言，其主要压力来自学习，一些学生在学习过程中更容易因为无法正确处理一些问题而导致心理疾病。

在生理上，心理疾病主要表现为没有食欲、体质不断下降、有睡觉的欲望但总会失眠；在精神上，心理疾病主要表现为情绪低落、精神不振、没有自信、心理郁闷、经常处于急躁状态等。这些心理疾病会影响学生的正常学习与生活。现代科学研究表明，参加体育运动能够有效预防上述心理疾病的发生。经过体育锻炼后，学生往往会觉得身心轻松，心情愉悦，具有饱满的精神，这样有利于防止心理疾病的发生，从而使学生的心理保持健康积极的状态。

（三）健美功能

健康形体的塑造离不开健康这一最基本的条件。健康不仅指没有疾病，它还包括多个方面，如正常发育、体型匀称、五官端正、有光泽的肌肤和健壮的肌肉等。人类社会特有的审美观能够通过这些健康的内涵进行充分体现。每名学生都希望具有健美的好身材，然而受到先天遗传因素和后天诸多方面因素的限制，达成这一目标还有一定的难度。大量实践证明，经常参加体育锻炼能够从不同程度促进学生身体不同部位的发育与生长。在体育教学活动过程中，学生身体所需要的能量很多，身体内脂肪在氧化分解反应后所产生的能量是身体所需热量的主要来源，因此学生有规律地参与体育运动能够拥有比他人更加完美的身体线条，从而表现出优美的体型、姿势和动作。

（四）育人功能

1.德育

在体育教学中，体育教学活动需要集体的共同参与才能完成。根据体育运动或游戏的规则，运动竞赛或游戏要想顺利进行，就必须依靠参与者自觉遵守既定规则。因此，体育运动开展的前提是遵纪守则，运动取胜关键要靠集体的团结配合。体育教学与比赛可以培养学生良好的遵纪守则的习惯。学生要想在比赛中取胜，就必须认识到团结互助、协调合作、发挥集体力量的重要性。在体育练习或比赛（游戏）中，学生还要懂得关心同学，尊重对手，尊重裁判，自觉遵守体育课堂秩序。此外，系统的体育教学对陶冶学生良好情操、塑造学生完美人格同样具有重要的作用。

2.智育

在学校体育教学中，学生积极参与体育课堂教学活动及课外活动，能够大幅度地促进自身智力水平的提高，这主要体现在以下三个方面：

（1）增强神经系统功能。第一，学生在学习体育的过程中会不可避免地参与体育运动，通过参与体育运动，学生神经系统的功能将会增强，主要反映在其大脑的兴奋和抑制过程会变得比以前更集中，使其能够迅速对一些刺激做出准确的反应，这就在一定程度上促进了智力水平的提高。第二，与左脑相比，右脑在信息容量、形象思维能力以及记忆容量等方面都比较优越，学生积极投身于体育运动的学练中能够不断锻炼自己的右脑，从而使其在容量与能力方面的优势充分发挥出来。第三，学生参与体育运动，能够促进自身血液的循环与流通，促进自身呼吸系统功能的提高，能够将大量的养分提供给大脑，从而促进大脑记忆、思维和想象力的发展，最终促进综合智力水平的不断提高。

（2）提高脑力工作效率。学生坚持长期参加各种各样的体育运动，能够有效减缓自身应激反应，起到良好的健身和提高脑力的效果。一个人的血压和心率会受到肾上腺素受体数目或敏感性的影响，因此其生理也会受到特定的应激源的影响。冷静思考与欣赏音乐能够促使一个人皮肤电反应速度的降低，这个现象是从强烈的应激情境中变化而来的。而参与体育运动对人体产生的这一影响将会更加明显与有效，这是国外相关人员经过研究而得出的结论。学生处于静止状态时，容易在生理上产生应激反应，而体育运动能够促使生理应激反应的减少，从而提高脑力工作效率，进一步提高学生的学习效率。

（3）消除疲劳，振奋精神，开发潜力。疲劳是一种综合性症状，学生受学习竞争压力的影响，难免会出现一定的身体或心理疲劳。如果一个人参与一些活动的态度是被动消极的，或者所从事的工作超出了自己的能力范围，那么其在心理与生理上都容易出现疲劳症状。人的大脑皮层能够对自身的随意活动进行调节，学生在学习体育之外的其他学科时，大都是学习一些理论文化知识，这时大脑皮层的有关区域所处的状态是高度兴奋的，学习时间越长，保护性抑制就越容易出现于大脑中，一旦出现，学习效率就会不如先前。

在学习体育学科时，学生通常不仅要学习文化知识，而且要学习实践技能，可谓是脑力与体力活动的有机结合，这样的结合活动有利于使学生的运动神经中枢处于兴奋状态，这对因脑力劳动而导致的疲劳的消除是有利的，也有利于促进学习理论知识效率的提高。除此之外，学生参与体育运动，能够促使自身身体素质的加强，能够维持较高的健康水平，这样他们就有充沛的精力投身于文化课的学习中，并在学习过程中不断开发自身的潜力，提高自己的学习能力和水平。

3. 美育

体育教学具有提高学生审美意识与审美能力的重要作用。健、力、美同时蕴含于体育运动中，静态的人体造型和动态的运动节律都具有美的特质，都表现出人们向往美的意愿。体育运动的"美"不仅在运动过程中突出，而且在运动结果上也有淋漓尽致的体现。运动参与者主要从以下两方面获取成就感与审美感：一是运动参与者通过科学体育锻炼而获得的完美身体曲线，二是运动参与者通过激烈且公平的比赛而获得良好成绩。

学生对体育运动的审美意识也可以通过体育教学来培养，体育教学可以帮助学生树立正确的人体及运动的审美观，使学生体验积极、健康的审美情感，进而提高自身的美学素养。

综上所述，学生参与不同学习阶段的体育教学活动后，能够掌握比较完整的体育知识、文化以及运动技能，体育教学的体育文化传承功能也能得以实现。

第四节　高校体育教学的原则与目标

一、高校体育教学的原则

（一）合理运动原则

1. 不同学生生长发育的特殊性

这一点对于儿童青少年自体育教学尤其重要，但大多数刚进入大学的大学生的身体尚处在生长发育期，身体各方面机能的发展还不完善，对体育教学的安排要既满足学生锻炼身体和掌握运动技能的需要，又不至于使学生体能透支而出现危险情况。体育教师在为学生安排和设计体育教学活动量时，要以学生可以承受的身体负荷为依据。

2. 人体发展的基本规律

学生在参与体育教学时，无论是身体练习还是运动技能的学习，都需要承受一定量的运动负荷。但人体在体育运动过程中的规律揭示出任何练习和教学都不是活动量越大越好。运动负荷过大，会对学生的身体健康造成不同程度的损害；运动负荷过小，又不利于良好教学效果的取得。运动负荷的适宜性安排是否得当，是检验一名体育教师教学水平高低的标准。

3.运动负荷的合理安排

（1）运动负荷的安排要服从体育教学目标。体育教学的目标是培养学生健康的体魄和健康的心理素质，因此体育教学不是为了让学生不断超越身体极限、挑战自我，也不是为了增加运动负荷而加大运动量训练，竞技体育中单纯为了金牌而无限制加大运动负荷的方法不适用于各级学校的普通学生的体育教学。

（2）运动负荷的安排要服从学生的身体需求。体育教学应为促进学生身体发展而服务，因此体育教学中，运动负荷的大小应充分考虑学生的身体发展状况与需要。教师要合理地安排运动负荷，就必须了解学生的身体发展情况（包括不同性别学生的生理差异、学生在不同生长发育阶段的特点等），运动负荷安排要体现对学生身体的无伤害性，同时要有利于促进学生身体发展。

（3）运动负荷的安排要充分考虑学生之间的共性与个性关系，需要体育教师考虑周全。一方面，教师要从学生的整体情况来考虑。这个整体情况主要是指高校大学生的年龄相近，因此他们的身体素质发展情况大致相同。另一方面，教师在整体趋同性的基础上，还要关注一些个人特殊情况，如对伤病学生的运动负荷安排应酌情减少。

（4）运动负荷安排应为逐步提高学生自我控制运动负荷能力服务。体育教育虽主要以使学生参与身体练习为主，但也不能忽视对体育理论方面的知识讲授，这种理论教学往往能够让学生更好地理解体育的意义，从而促使他们主动参与到体育锻炼中来，而不是仅仅在课堂中参与。因此，体育教师应加强学生的现代体育教学的多维分析与创新研究体育运动理论知识的教学方法，提高学生对运动负荷是否合理的基本判断能力，并使学生能在体育活动中自主调节运动负荷。

（5）体育教学中应重视合理休息。运动负荷的安排与休息方式、休息时间有关。科学合理地安排休息方式、休息时间和心理负荷，对于顺利达到理想的体育锻炼效果有着重要作用。

（二）自觉积极原则

自觉积极性原则是指在教师的主导下，充分调动学生学习的自觉积极性，发挥学生的主体作用，培养学生学习的主动性和创造性，把认真完成学习任务变成自觉行动。

自觉积极性原则指的是在教师主导下学生的自觉积极性，是由教师的"教"与学生的"学"的双边活动过程的教学规律决定的。师生关系是体育教学过程中的一对基本矛盾，矛盾的主导方向是教师，因为教师是教育者，他们掌握比较丰富的体育知识、技术和经验，能满足教好学生的需要。在实施教学计划过程中，教师起主导作用，不仅表现在对计划的制订和执行上，还表现在对教学过程的调节和控制上。学生是教学的对象，是知识、技术的接受者，是学习的主体。但是，学生学习的自觉积极性不完全是自发的，也取决于教师的指导、传授、调节和控制。反之，学生有了学习和练习的自觉积极性，又能主动地自我调节和控制，并与教师的调节和控制协调一致，才能保证预定的学习目标的实现。因此，在体育教学过程中，教师要将主导作用与调整学生学习的自觉积极性结合起来，这是提高教学质量的根本条件。贯彻和运用自觉积极性原则的基本要求如下。

1.了解学生

教师必须了解所教学生的特点，包括他们的爱好、需要、特长、困难和不足等，这是教师搞好体育教学工作的前提。但是，真正做到了解学生是很不容易的。体育教师可通过多种渠道加强对学生的了解，如担任班主任、培养体育骨干、开展课外体育活动等。只有教师主动了解、关心并熟悉学生，才会有调动学生自觉积极性的基础。

2.发挥教师的主导作用

学生的自觉积极性不完全是自发的，还必须通过一系列细致工作才能充分调动。因此，要调动学生的积极性，必须发挥教师的主导作用。教师的主导作用不仅表现在教学中，如教师通过讲解、示范、组织教学等手段，把学生引导到所教的内容上来，更重要的是应该给学生提供一种良好的条件，使外因能顺利而迅速地转化为内因，从而调动学生的自觉积极性。

3.建立民主平等、情感融洽的师生关系

体育教学过程中，教师既要严格要求学生，又要满腔热情地关心与信任学生，使师生关系融洽和谐、感情息息相通。营造这种良好的师生关系，有利于学生主动地、快乐地参与到体育教学中去。

4.培养学生学习的内在动力

学生学习的内在动力，是鼓舞和推动学生的内驱力。教师应不断提高教学的艺术性和启发性，培养学生正确的学习动机和兴趣。动机是一切行为的前提，是推动学生学习、锻炼的心理依据。只有使学生形成正确的学习动机，才能发挥其主体作用。

5.培养学生自学、自练、自评的能力

自学、自练、自评的能力是养成学生经常参加体育锻炼习惯、培养终身体育锻炼意识的重要基础。在教师主导作用的前提下，要为学生自学、自练、自评能力的培养与发展创设一个良好的外部环境，放手让学生独立自主、生动活泼、主动地学习与锻炼。

（三）循序渐进原则

1.体育教学循序渐进原则的基本依据

在体育教学过程中，首先要遵循的就是由简到繁、由易到难、由已知到未知的逐步深化的循序渐进的原则，循序渐进才能让学生更好地掌握体育方面的知识、技术和技能。

2.体育教学循序渐进原则的基本要求

（1）制定好教学文件、安排好教学内容。在保证教学文件和教学内容都安排妥当的情况下，才能执行教学工作。因此，在进行教学工作之前一定要制定系统科学的教学计划方案。在制订教学计划文件时，每个运动项目、每次课、每学期的内容和教法，都应前后衔接。教学计划中内容的安排对教学工作的实施效果具有至关重要的作用。因此，教学计划的制订既要考虑该运动项目的由易到难、由简到繁的顺序，又要考虑其与其他运动项目之间的关系。项目的安排应遵循循序渐进的原则，以保证前一个项目的学习有利于后一个项目的学习。

（2）循序渐进地提高学生生理负荷。学生的生理负荷可以采取波浪式的训练方法，有节奏地逐步提高，因为机体需要一定时间的适应。合理地利用超量恢复是生理负荷提高的有效措施。

（3）教师要不断提高自身的文化素养，深刻了解学生身心发展的一般规律和特点，了解各种教材的系统性以及各种教材之间的关系。

（四）因材施教原则

因材施教原则是指体育教师在教学中，既要面向全体学生提出统一要求，又要根据不同班级和学生的个体差异区别对待，把集体教学和个别指导结合起来，使每个学生的才能和特长都能得到充分的发挥。确定因材施教原则的依据是学生身心发展的客观规律及个体发展的不平衡性。同一年级和年龄组的学生的身心发展规律具有共同点，因而体育教学可以对他们提出统一的规格和要求。同时，同一年级和年龄组的学生又存在个体发展的不平衡性，如他们的身体形体、身体素质、运动能力、兴趣爱好、运动项目专长等方面都存在差异。这些不同点，又要求在统一的基础上注意区别对待、因材施教。贯彻和运用因材施教原则的基本要求如下：

1. 深入了解学生

这是进行因材施教的基础。教师通过调查研究，全面了解学生的体育认识、兴趣爱好、思想品德、健康状况、体育基础、身体发展等多方面的情况。找出他们的共同点和差异，才能采取不同的方法，因材施教。

2. 面向全体，兼顾两头

教师主要把精力放在全体学生的普遍提高上。在制订教学计划、确定教学目标和要求时，应该保证大多数学生经过努力可以达到。同时，还要兼顾两头，解决"吃不了"和"吃不饱"的矛盾。对个别身体素质好且有体育运动才能的学生，要为他们创造条件，让他们多参加课余体育训练，为提高专项成绩打好基础；对体弱和身体素质差的学生，要热情关心，耐心帮助，使他们在原有的基础上逐步提高体育水平，完成教学要求。

3. 从客观实际情况出发

教学中贯彻因材施教原则，还必须考虑学校的客观实际情况。不同地区、不同场地器材设备条件，都对体育教学起到制约作用。教师在制订教学目标时，除了要考虑教材、学生特点、组织教法外，还必须考虑上述各个方面的客观条件，这样才能更好地因材施教。

（五）巩固提高原则

1. 体育教学巩固提高原则的基本依据

根据遗忘规律和运动条件反射建立与消退的理论，学生学到的知识与技能在一段时间内如不经常复习就会遗忘或消退。另外，根据"用进废退"原理，学生对所学习的运动技能进行反复练习有助于发展运动能力、身体素质和生理机能，起到强身健体的作用。因此，要注意巩固提高所学知识的运动技能。"学习如逆水行舟，不进则退""温故而知新"这些关于学习的箴言充分揭示了学习中巩固提高的重要性。体育教学多为身体的练习，一般来讲，如果这种练习不能得到巩固，就会随着时间的延长而消退，因此在体育教学中遵循巩固提高原则是十分必要的。

2. 体育教学巩固提高原则的基本要求

（1）在体育教学中，教师应合理安排训练计划。制订合理的训练计划可以使机体在巩固提高的过程中避免出现过度疲劳损伤机体。

（2）体育教师应重视良好体育教学方法和训练方法的选择。教学中，可采用改变教学方式或者改变练习条件来达到巩固提高的目的。

（3）增加运动密度和动作重复的次数，反复强化，不断巩固运动条件反射，提高技术水平、身体素质和体育能力。

（4）教师要给学生布置适量的课外体育作业或家庭体育作业，将课内课外结合起来，达到巩固提高的目的。

（5）不断提出新的学习目标，培养学生进行体育运动的兴趣和进取动机。

（六）身体全面发展原则

身体全面发展原则是指在体育教学过程中，教材内容的选择和安排要全面多样，使学生身体的各个部位、器官、系统的机能以及各种身体素质和基本活动能力都得到全面发展。青少年正处于生长发育时期，可塑性很大。在体育教学中选择不同性质的教材，采用多种有效的教学手段，有利于学生身体的全面锻炼和身体各个器官、系统的机能得到协调的发展，养成正确的身体姿势。而长时间进行单一的、局部的锻炼，就得不到理想的锻炼效果，甚至可能造成某种程度的畸形发展，有碍学生健康。人体各个器官系统的机能、各种身体素质和基本活动能力之间，既相互联系、相互促进，又相互制约，某一方面的发展，会影响其他方面的发展与提高。因此，只有身体得到全面锻炼，才能全面协调发展。贯彻和运用身体全面发展的基本要求如下：

1. 全面系统地制订各种教学计划

认真学习和领会教育部《义务教育体育与健康课程标准（2011 年版）》精神，在制订水平教学工作计划、学年教学工作计划、学期教学工作计划、单元教学工作计划和课时工作计划时，应注意各类教材和考核项目的合理搭配，保证学生身体的全面锻炼。

2. 身体全面发展体现在课堂教学的全过程

课堂的准备部分，活动要全面多样，基本部分教材要进行科学、合理搭配。基本的要求如下：准备部分的活动要以运动系统和呼吸系统为主，为完成课堂的目标任务做准备；基本部分的教材，既有上肢、下肢为主的练习，也有躯干，腰，腹、背部为主的练习，以使学生身体得到较为全面、协调的锻炼和发展；课程结束部分，要做好放松活动并布置课外体育作业，并有组织地结束。

3. 克服单纯从兴趣出发的倾向

体育教学中应激发学生的学习兴趣，使他们乐于上体育课。孔子云："知之者不如好之者，好之者不如乐之者。"（《论语·雍也》）意思是说学习知识或本领，知道它的人不如爱好它的人接受得快，爱好它的人不如对其有兴趣的人接受得快。因此，采用一系列手段和措施来激发和调动学生的学习兴趣是很有必要的。但是，要把激发学生的兴趣与单纯从兴趣出发两者进行区分。所谓单纯从兴趣出发，就是以学生的兴趣为中心，背离全面锻炼的原则，学生喜欢什么，教师就教什么、练什么，这种长期地片面迁就学生兴趣的做法，会带来不良后果。[①]

（七）终身体育原则

1.体育教学终身体育原则的基本依据

通过体育教学长久地影响学生对运动健身重要性的理解，并身体力行地参与其中，是体育教学的最终目的，也是《义务教育体育与健康课程标准（2011年版）》对当前体育教学的基本要求。因此，培养学生终身体育思想，促进学生终身体育习惯的养成是体育教学应遵循的基本原则之一。

2.体育教学终身体育原则的基本要求

（1）培养学生的终身体育意识。教学中教师要善于发现学生的体育爱好与技术特长，并加以引导培养，以此来激发学生对体育学习的兴趣，使其树立终身体育意识，养成体育锻炼的习惯。

（2）在体育教学中充分考虑教学的长、短期效益，体育教师不仅要重视体育教材或某项运动技能的教学成果，还要考虑体育教学的长期效益，这与体育教育总体目标的要求是一致的。

二、高校体育教学的目标

体育教学目标是学生在实际参加的有关体育内容的教学情景中对于最终学习成果的预期标准。体育教学目标是由体育教师制定的，具有较强的灵活性和实用性，为具体的体育教学活动提供依据。除此之外，它还对具体教学过程与丰富教学活动起定向作用。

体育教学目标又可分为阶段性目标和最终目标。其中，阶段性目标是指体育教学各个阶段的目标；阶段性目标的总和就是最终目标，即体育教学的总目标。体育教学总目标是实现体育教学目的。

（一）体育教学目标的特性

体育教学目标的特性主要表现在以下两个方面：

1.预见性和挫折性

首先需要说明的是，体育教学的目标并不是自确立之日起在很短的时间内可以达到的，也就是说它并不是已经实现的现实。体育教学目标对体育教师和学生共同完成体育教学活动有着很大的指导作用和激励作用，它是一种对体育教学活动结果的预见与期待。另外，学校体育教学还具有一定的挫折性，因为

---

① 孔凌鹤，马腾.现代体育教学的多维分析与创新研究[M].北京：中国商务出版社，2016: 23.

体育教学目标在实现的过程中会遇到许多不在预期之内的问题和困难，这些困难会给最终要实现的教学目标以极大的阻碍，要达成目标是需要付出努力，甚至需要经过非常艰辛的努力才能实现。

2.方向性和终结性

学校体育教学目标能够反映出特定的价值取向，这也说明了它带有明确的方向性。在实际的学校体育教学中，这个方向性也非常直观、明确地展现在体育教学主体面前，如他们应走向什么方向、走到哪里等。体育教学目标的终结性不是体育教学的终止，体育教学目标的完成意味着下一个更高更强的体育目标的建立和开始，这个"终结点"只是整个体育过程中互相联系的一个"歇脚点"。

（二）体育教学目标的功能

学校体育教学目标的功能主要表现在以下几方面：

1.体育教学目标是选择教学内容与方法的重要依据

体育教学中包括的内容较为广泛，除最常见的体育运动项目技能外，还会学习一些与体育和保健相关的知识与技能。而正确合理的体育教学目标可以界定体育教学内容的范围，对教学内容的选择起到导向作用，并且对其做出最有价值的判断。另外，对于相应的教学内容选择对应的教学方法也是要以体育教学目标为依据的。

2.体育教学目标是组织教学活动的重要依据

体育教学目标的高低决定了体育教学活动组织的严谨程度和实施方法。它会对体育教学内容的结构形式和教学的组织形式产生影响，指导体育教学的具体实施。例如，较低的体育教学目标可以轻易完成，因此在对其相关内容进行教学时可以组织得相对轻松一些；对待较高的目标则需要严谨、紧张、细致的教学组织。

3.体育教学目标是教学评价的重要依据

对于体育教学的结果要进行系统、客观的评价，以获得有效数据和结论来反馈给体育教学管理部门。此后，相关部门会根据这些评价调整体育教学中的各种指标，促进教学水平的进步以及与学生的适配性。总的来看，学校体育教学目标是评价体育教学价值和效果的主要依据，它是进行学校体育教学评价的基本标准。由此可知，体育教学目标为学校体育教学评价提供了依据。

（三）体育教学目标的制定

1.体育教学目标制定的步骤

（1）对体育教学对象进行分析。学生的学习需要是指学习者学习成绩、学习态度等的现状与体育教学目标之间的差距。学习者的能力与条件是指学生在体能、运动技能、体育知识等方面已经具备的能力与条件。在对学生的学习需要与能力条件认真分析的基础上，才有可能设置合理有效的学校体育教学目标。

（2）对体育教学内容进行分析。在制定体育教学目标时，要认真分析体育教学内容的特点与功能，这是因为制定具体的体育教学目标终归离不开具体的体育教学内容。教学内容的不同自然带来了不同的特点与功能。无目标的体育教学内容，注定也就没有教学内容的目标。

（3）编制体育教学目标。在分析完体育教学内容后，就要开始着手制定教学目标。体育教学目标是指导体育教学活动设计、实施和评价的基本依据，它通常在"单元"或"课"的教学计划中，按照课程的水平、目标、基础分别陈述。

2.体育教学目标陈述

通常认为，体育教学目标陈述主要包括以下几方面的要素：

（1）明确目标的行为主体。体育教学目标注重学生学习产生的变化和结果，而不应是像以往那样单纯以教师的"教"为行为主体的过程。现代包括未来的教学都要以学生作为行为主体。因此，对于体育教学目标的陈述也就要注意突出体现出这一趋势。

（2）准确使用行为动词。体育教学目标应采用行为动词来描述体验性目标和结果性目标，以区分学习结果的层次性。

（3）规定学习条件。在体育教学目标的陈述中要注意将教学条件一一描述出来。体育教学设计的准备工作和体育资源较多，这些都是体育教学中不可或缺的内容，就教学条件来讲，一般包括情景、环境和信息三大条件。

（4）说明预期效果。体育教学目标的陈述中必须要有经过教学活动后预期达到的效果的效果。另外，在对预期效果进行描述时，要以学生为主体，且语言通常为肯定句。

3.体育教学目标制定的要求

（1）连续性。体育教学目标是通过若干年级目标、单元目标、课时目标的实现，最后加以实现的，在不同年级之间、同一年级前后之间、不同单元之间等，既有一定的独立性，又有一定的关联性。因此，制定体育教学目标，无论是年级、单元，还是课与课之间都要注意相互之间的连续性。

（2）层次性。无论是体育情感目标、认知目标、运动技能目标，还是增强体能目标本身，都有一个从低到高的层次。各领域目标之中，也都有从低到高的层次。

（3）可操作性。体育教学目标的制定，应具体、明确，便于操作，有利于给体育教学活动的过程以明确的导向，并且目标制定得还要便于最终对教学效果的评价；应有利于测量和评价。

（四）体育教学目标的实现途径

体育与健康课、课余体育活动与其他体育健身活动等内容是高校体育教学工作的主要内容，也是体育教学目标实现的基本方法。

1. 体育与健康课

体育与健康课是必修课，它是以教育部制定的教学计划为依据而开设的。体育与健康课是系统地对学生进行体育教育的课程。高校体育的基本组织形式也是体育与健康课。体育与健康课的基本特征如下：

（1）体育与健康课的课程标准是有相应规定的，授课的班级也是相对固定的。

（2）体育教师是专业的，场地、设备与器材也有较好的保证。

（3）体育与健康课有规定的考评，学生毕业与升学都要进行体育与健康课的测试。

2. 课余体育活动

我国高校体育目标得以实现的重要组织形式之一是课余体育活动。课间操、早操，以及在校外进行的郊游（夏令营、冬令营）等是课外体育活动的重要形式。课余体育活动具有如下几方面的意义：

（1）课余体育活动能够提高学生学习体育知识和技能的积极主动性。

（2）有利于学生运动能力的提高，对学生自觉锻炼身体的意识和习惯具有积极的培养作用。

（3）有利于学生体质的增强，能够发展学生的体育兴趣与爱好。

（4）学生的课余体育生活能够更加丰富，学习和生活的质量等也会有所提高。

3. 其他体育健身活动

其他体育健身活动是指在高校教育的各个环节中开展有利于学生增强体质的活动。这些体育健身活动也是实现体育教学目标的主要途径之一。

第二章　"互联网 + 教育"

第一节　"互联网 + 教育"概述

一、何为"互联网 +"

"互联网 +"是指在创新 2.0（信息时代）推动下由互联网发展的新业态，也是在知识社会推动下由互联网形态演进、催生的经济社会发展新形态。

"互联网 +"简单来说就是"互联网 + 传统行业"。随着科学技术的发展，"互联网 +"利用网络平台，使互联网与传统行业相融合，利用互联网的优势特点，创造新的发展机会。"互联网 +"通过其自身的优势，对传统行业进行优化、升级、转型，使传统行业能够适应当下的新环境，从而推动社会不断地向前发展。

（一）"互联网 +"理念的提出与演化

国内"互联网 +"理念的提出，最早可以追溯到 2012 年 11 月于扬在易观第五届移动互联网博览会上的发言。他认为在未来，"互联网 +"公式应该是我们所在行业的产品和服务，在与我们未来看到的多屏全网跨平台用户场景结合之后产生的这样一种公式。我们可以按照这样一个思路找到若干这样的想法。怎么找到自身所在行业的"互联网 +"，则是企业需要思考的问题。

2014 年 11 月，李克强出席首届世界互联网大会时指出，互联网是大众创业、万众创新的新工具。其中，"大众创业、万众创新"正是 2015 年《政府工作报告》中的重要主题，被称作中国经济提质、增效、升级的"新引擎"，由此可见其重要作用。

2015 年 7 月 4 日，经李克强签批，国务院印发《关于积极推进"互联网 +"行动的指导意见》，这是推动互联网由消费领域向生产领域拓展，加速提升产业发展水平，增强各行业创新能力，构筑经济社会发展新优势和新动能的重要举措。

2017 年 11 月 26 日，中共中央办公厅、国务院办公厅印发了《推进互联网协议第六版 (IPv6) 规模部署行动计划》，提出："用 5 到 10 年时间，形成下一代互联网自主技术体系和产业生态，建成全球最大规模的 IPv6 商业应用网络，实现下一代互联网在经济社会各领域的深度融合应用，成为全球下一代互联网发展的重要主导力量。"

2020 年 5 月 22 日，李克强在《政府工作报告》中提出，全面推进"互联网＋"，打造数字经济新优势。

（二）"互联网＋"的基本内涵

"互联网＋"是"两化"（信息化和工业化）融合的升级版，将互联网作为当前信息化发展的核心特征，提取出来，并与工业、商业、金融业等服务业全面融合。其中关键就是创新，只有创新才能让这个"＋"真正有价值、有意义。因此，"互联网＋"被认为是创新 2.0 下的互联网发展新形态、新业态，是知识社会创新 2.0 推动下的经济社会发展新形态的演进。

通俗来说，"互联网＋"就是"互联网＋各个传统行业"，但这并不是简单的两者相加，而是利用信息通信技术以及互联网平台，让互联网与传统行业进行深度融合，创造新的发展生态。[①]

表 2-1 为不同评述主体对"互联网＋"内涵的定义。

表2-1　不同评述主体对"互联网＋"内涵的定义

评述主体	内　容
中国政府	代表一种新的经济形态，即充分发挥互联网在生产要素配置中的优化和集中作用，将互联网的创新成果深度融合于经济社会各领域之中，提升实体经济的创新力和生产力，形成更广泛的以互联网为基础设施和实施工具的经济发展形态
腾讯	以互联网平台为基础，利用信息通信技术与各行业的跨界融合，推动产业转型升级，并不断创造出新产品、新业务与新模式，构建连接一切的新生态
阿里研究院	以互联网为主的一整套信息技术在经济、社会、生活各部门的扩散应用过程
百度	互联网和其他传统产业的一种结合模式，随着中国互联网网民人数的增加，尤其是移动互联网的兴起，互联网在其他产业中的影响力越来越大。互联网和各产业的结合，可以化腐朽为神奇

---

① 余以胜，胡汉雄.解读互联网+[M].广州：华南理工大学出版社，2016：149.

（三）"互联网＋"的特征

1.创新驱动

中国粗放的资源驱动型增长方式早就难以为继，必须转变到创新驱动发展这条正确的道路上来。这正是互联网的特质，用所谓的互联网思维来求变、自我革命，也更能发挥创新的力量。

2.尊重人性

人性的光辉是推动科技进步、经济增长、社会进步、文化繁荣最根本的力量，互联网力量强大的根源是对人性最大限度的尊重、对人的创造性发挥的重视。例如，UGC、卷入式营销、分享经济。

3.跨界融合

"＋"就是跨界，就是变革，就是开放，就是重塑融合。敢于跨界，创新的基础就更坚实；融合协同，群体智能才会实现，从研发到产业化的路径才会更垂直。融合本身也指代身份的融合，客户消费转化为投资，伙伴参与创新等，不一而足。

4.重塑结构

信息革命、全球化、互联网已打破了原有的社会结构、经济结构、地缘结构、文化结构，致使权力、议事规则、话语权不断发生变化。

5.连接万物

连接是有层次的，可连接性是有差异的，连接的价值是相差很大的，但是连接万物是"互联网＋"的目标。

6.开放生态

关于"互联网＋"，生态是非常重要的特征，而生态的本身就是开放的。我们推进"互联网＋"，其中一个重要的方向就是要把过去制约创新的环节化解掉，把孤岛式创新连接起来，让研发由人性决定的市场驱动，让创业并努力的人有机会实现价值。

对于传统企业和创业者，我们不能只当一个看客。对于一种新的商业现象和商业逻辑，我们要思考怎样为我所用，因为我们在切切实实地做生意。如果不理解，我们就要去研究和学习；如果理解了，就要马上去做。

二、走进"互联网＋教育"

（一）教育基本原理

1.教育的定义

（1）西方教育。在古希腊语中，"教育"一词与"教仆"一词相关。教仆是对专门侍候贵族儿童学习的奴隶的称呼。在现代英语中，教育是"education"；

在法语中，教育是"éducation"；在德语中，教育是"erziehung"。这三个词都来源于拉丁文"educare"。拉丁文中"e"有"出"之意，"ducare"有"引"之意，"educare"本义是"引出、导出"。这意味着"教育"一词在西语中表示借助一定的办法，把潜藏于儿童内心的东西（知识、智慧等）引导出来，使之变为现实。

西方近代教育家对教育这一概念有多种解释。例如，法国著名思想家卢梭认为"教育应当依照儿童自然发展的程序，培养儿童所固有的观察、思维和感受能力"；瑞士民主主义教育家裴斯泰洛齐认为"教育是人的一切知能和才性的自然的、循序的、和谐的发展"；英国哲学家、社会学家斯宾塞认为"教育即为人的完满生活做准备"；德国科学教育奠基人赫尔巴特认为"教育的全部问题可以用一个概念——道德包括"，还认为"我不承认任何'无教育'的教学，教学具有教育性"；美国教育家杜威认为"教育是一种通过使未成熟者参与其所属团体的生活而引导并确保其发展的社会功能"；德国存在主义哲学家雅斯贝尔斯认为"教育是人对人的主体间灵肉交流的活动"。西方近代教育家对教育还有种种定义，即使到了现在，也很难找到完全相同的定义。纵观近百位著名的教育家有关"教育是什么"的论述，笔者发现他们之间的共同观点就是都把教育看作一种"活动"，但只确定教育是一种社会活动，还不足以完全确定教育的性质与范围。那么是什么把教育活动与其他社会活动区别开来的呢？《美国百科全书》中写道："从最广泛的意义说来，教育就是个人获得知识或见解的过程，就是个人的观点或技艺得到提高的过程。"

（2）中国教育。在我国，"教""育"这两个字最早出现在甲骨文中。"教"在甲骨文中如图 2-1 所示，可以看出它的右边是一只手拿着一根教鞭（攴）；左下方是一个"子"字，表示小孩，"子"上是两个交叉符号（爻），表示鞭打的痕迹；整个"教"的字形是会意一个人手持教鞭在教育小孩。图 2-2 为甲骨文中的"育"字，从字形来看，像妇女育子之形，其本意就是妇女生育孩子，表示的是孕育和养育。在先秦古籍中，大都只用一个"教"字来论述教育的事情。最早将"教""育"二字用在一起的是孟子（约前 372—前 289），他在《孟子》的《尽心章句上》中提出："君子有三乐，而王天下不与存焉。父母俱存，兄弟无故，一乐也；仰不愧于天，俯不怍于人，二乐也；得天下英才而教育之，三乐也。"

除孟子外，我国古代其他思想家和教育家在众多典籍中对"教育"有以下多种解说。

《中庸》："天命之谓性，率性之谓道，修道之谓教。道也者，不可须臾离也；可离，非道也。"又说："自诚明，谓之性；自明诚，谓之教。"

《荀子·修身》："以善先人者谓之教。"

《学记》："教也者，长善而救其失者也"

许慎《说文解字》："教，上所施，下所效也。""育，养子使做善也。"这里的"教"指的是教育者的教诲和受教育者的效法；"育"就是使受教育者向好的方向发展。可见，我国古代把"教"看作教育者和受教育者的共同活动，"育"则被看作由"教"而引起的受教育者的变化。

图 2-1　甲骨文"教"　　　　　图 2-2　甲骨文"育"

20世纪80年代以后，我国曾兴起了教育学热，十几年间出版了几百种《教育学》，每本《教育学》都对教育下了定义。但这些《教育学》有千人一面的弊端，教育的定义也都是大同小异的。许多定义都是源自国内《中国大百科全书·教育卷》。我们这里就讨论一下《中国大百科全书·教育卷》对教育所下的定义："教育是培养人的一种社会活动，它同社会的发展、人的发展有着密切的联系。从广义上说，凡是增进人们的知识和技能、影响人们的思想品德的活动，都是教育。狭义的教育，主要指学校教育，其含义是教育者根据一定社会（或阶级）的要求，有目的、有计划、有组织地对受教育者的身心施加影响，把他们培养成一定社会（或阶级）所需要的人的活动。教育这个词有时还作为思想品德教育的同义语使用。"

学校教育是所有教育活动的核心部分，在西方始于文艺复兴时期，在中国则自20世纪始，学校教育就是最主要的教育形式。学校教育与其他教育活动相比，最主要的区别在于：第一，具有非常明显的专门化特征，学校教育是由专门的机构和专门的教职人员承担的，学校教育的任务是专门培养人；第二，学校教育的可控性最强，具有明显的制度化特征。学校教育是有目的、有计划、有组织的系统的教育活动，在各级各类学校之间的关系、学校内部各部门之间的关系、各类课程之间的关系上都有严格的制度规定和约束。因此，我们把学校教育即狭义的教育概念定义为：学校教育是由专门的教育机构所承担的，由专门的教职人员所实施的，有目的、有计划、有组织的，以影响学生的身心发展为首要和直接目标的教育活动。

教育的双重含义虽然已被广泛地认同与接受，但这样的定义方式本身也说明了对教育定义的艰难。这是因为教育现象和教育活动具有多样性与复杂性。然而，无论是从广义的角度还是从狭义的角度认识教育，教育都是一种以影响人、培养人为首要和直接目的的社会活动。这是教育的核心含义，也是教育的根本特征。

由此可见，无论是东方还是西方都把教育看作是引导、帮助儿童发展，使人实现社会化的手段。上述论断虽然还不是教育的科学定义，但也都在一定程度上揭示了教育是"培养人的活动"，是帮助人"实现社会化的手段"这一本质属性。

2.教育的延伸

随着社会的快速进步与发展，无论是教育形式还是教育类别均呈现出一种多元化、综合化、复杂化的态势。而作为制度化的教育形式除了普通学校教育以外，还出现了一系列新的形式。各级各类职业教育、函授教育、刊授教育、广播电视教育以及以电子计算机为核心的多媒体远程教育的纷纷涌现使教育的范围和教育的形式都发生了极大的变化。同时，在现代社会中，教育的对象不单局限于青少年，各个年龄阶段的成人为了适应不断变化的社会需求也必须不断地接受教育，终身教育已是现代社会的重要教育理念。教育内涵的扩大必然要求重新界定教育的概念。新的教育概念不仅应该反映教育的各种形态，而且应该涵盖人的整个生命历程。

一般来说，从教育同其他社会现象的区别来看，教育就是培养人的社会活动。广义的教育也包括人们在社会、家庭、学校受到的各种有目的的影响。简言之，广义的教育既包括制度化的教育，也包括非制度化的教育，它是一切教育的总称。同广义的教育相对应的狭义的教育则主要指制度化的教育，即各级各类的学校教育。而进入21世纪后，学校教育的概念也已不再是过去所理解的小学教育、普通中等教育、普通高等学校教育等。函授教育、广播电视教育、各种职业教育和多媒体远程教育等也都跻身教育行列，与传统学校教育一样成为制度化的教育。所谓制度化的教育就是指对学制、培养目标、教学组织形式、成绩考核等都有相应的法定要求的教育。

在教育活动中，教育者和受教育者两者均具备一定的参与权，整个过程体现了教育活动的双边性和互动性。教师作为"教"的执行者，学生作为"学"

的践行者，需同时达到"寓教于乐"的教学目的和学习目的。学生不是被动的客体，而是能动的主体，对教师的"教"具有选择性。然而，许多定义都只把教育看成是教育者对受教育者的培养和影响，而对受教育者积极参与的一面未给予足够的重视。同时，教育不仅具有目的性、计划性与组织性，而且对人的影响是全面系统的，不是片面零碎的。

3.我国教育目的的发展

教育目的是一个国家、民族对培养人才的质量和规格的总体要求，由于人的教育活动是自觉的和有目的的，在进行教育活动之前，我们必须对将要实施的教育做出相应的规划，以便实现预期的培养目标。

我国社会历史发展的不同阶段有着不同的教育目的，主要有以下几个阶段：第一阶段是抗战时期。这一阶段的教育目的是为抗战培养抗战救国的公民。第二阶段是解放战争时期。随着社会的变革，教育目的也发生了改变，即培养未来社会健全的主人公成为新的教育目的。第三阶段是中华人民共和国成立后至1984年。这一阶段的教育目的是培养有社会主义觉悟的、有文化的劳动者。第四阶段是1985年至1994年。《中共中央关于教育体制改革的决定》提出了"四有、两热爱、两精神"的教育目的，即"所有这些人才，都应该有理想、有道德、有文化、有纪律，热爱社会主义祖国和社会主义事业，具有为国家富强和人民富裕而艰苦奋斗的奉献精神，都应该不断追求新知，具有实事求是、独立思考、勇于创造的科学精神"。第五阶段是1995年至今。1995年，《中华人民共和国教育法》正式颁布，规定："教育必须为社会主义现代化建设服务、为人民服务，必须与生产劳动相结合，培养德、智、体、美等方面全面发展的社会主义建设者和接班人。"社会不断进步和发展，我们的教育目的也随着社会的变化而变化。2001年，《国务院关于基础教育改革与发展的决定》指出："教育必须为社会主义现代化建设服务，为人民服务，必须与生产劳动和社会实践相结合，培养德智体美等全面发展的社会主义事业的建设者和接班人。"2017年，习近平在党的十九大报告中提出"建设教育强国是中华民族伟大复兴的基础工程"，开启了我国高等教育强国建设新的伟大征程。2018年，全国教育大会召开，习近平对加快教育现代化、建设教育强国、办好人民满意的教育作出了全面部署。中华人民共和国成立70年，特别是改革开放40多年来，我国在实践中走出了具有中国特色的高等教育现代化发展之路，我国成功成为高等教育大国，开启了向高等教育强国迈进的新征程。

（二）什么是"互联网＋教育"

2015年6月13日，"2015中国互联网＋创新大会"河北峰会开幕。会上，业界权威专家指出，"互联网＋教育"是指在师生分离的情况下，借助互联网和 IT 技术，有效实施教学和学习活动的新型教育形式。"互联网＋教育"虽然暂时不能取代传统教育，但能够让传统教育焕发出新的活力。相比"一所学校、一位老师、一间教室"的传统教育，"互联网＋教育"表现出的"一个教育专用网、一部移动终端、几百万学生、供任意挑选的学校与老师"显得更加具有活力。新的人机交互模式、人工智能带来的不仅仅是教育技术的革新，更有教育观念、教育体制、教学方式、人才培养过程的深刻变化。凭借大数据、云计算、移动互联等技术优势，加上"免费使用"的互联网思维，互联网在教育领域掀起了一股革命性的浪潮。国内"互联网＋教育"自 2012 年开始兴起，目前仍然处于蓬勃发展的状态。目前，"互联网＋教育"在国内有"微课""慕课""翻转课堂""手机 App 课堂"等多个实践应用。[①]

传统的教育模式下，一个老师在同一时间内只能走进一间教室，学生只能在固定的时间和地点上课。"互联网＋教育"的兴起大幅提高了教育的开放性，改变了教育的透明度与共享度，使教育趋于全球化。通过"互联网＋教育"，原则上任何地点的学生都能够接收到世界最先进的教育，无论是通过纯粹的线上智能化模式，还是通过线上、线下 O2O 结合的模式学习，它们带来的影响和成效都是在传统教育时代无法想象的。

（三）"互联网＋教育"政策支持

2004 年，一位名为 Salman Khan 的孟加拉裔美国人在帮助亲戚孩子学习的过程中利用聊天软件、互动写字板和电话将教育与互联网技术结合在一起。尔后，Salman Khan 将自己的教学视频放到了视频网站 YouTube 上。视频吸引了越来越多的人进行在线观看，非营利性在线教育网站"可汗学院"（Khan Academy）也由此诞生，成为互联网教育最早的雏形。

教育问题不仅仅是每个人、每个家庭关心的重要问题，也是一个地区、一个国家和一个民族长久健康发展的根基之一。近年来，随着经济社会的发展，终身学习的概念在国内得到了发展和传播。无论是从个人长远发展的角度，还是从我国国民教育的现状来看，教育方式的革新已经迫在眉睫。"互联网＋教育"使国内发达地区与欠发达地区的适龄学生可以同时享受到高质量的教育内容，而且教育内容的价格低廉，甚至免费。然而，由于我国区域发展不平衡，东部沿海和西部内陆地区教育资源分配不均匀，东部地区优越的经济条件促进了当地教育信息化的发展，而西部地区缺乏教育资源投入，教育信息化发展相

---

① 　谢敏 . "互联网＋教育"背景下的教学智慧研究 [D]. 长春：吉林大学，2016.

对滞后。从全国范围来看，目前我国在公共教育资源的配置方面缺乏合理而有效的监管，各地的教育信息系统之间也缺乏互联互通。

李克强在 2015 年《政府工作报告》中指出："为切实把教育事业办好，我们要保证投入，花好每一分钱，畅通农村和贫困地区学子纵向流动的渠道，让每个人都有机会通过教育改变自身命运。"从城市教育到乡村教育，从高等教育到初等教育，中国教育市场呈现几何级数增长的态势。在蓬勃发展的互联网大潮下，传统的教育行业开始调整自身的步伐，好让自己在新的时代里大有作为。"互联网＋"计划写入《政府工作报告》意味着教育与互联网的融合已经跻身国家战略的层面，必将在汹涌而来的移动互联网大潮中勇立潮头。

2016 年 6 月，教育部印发《教育信息化"十三五"规划》，其中关于"三通两平台"提出了以下任务目标：①完成"三通工程"建设，全面提升教育信息化基础支撑能力。②实现公共服务平台协同发展，大幅提升信息化服务教育教学与管理的能力。③深入推进管理信息化，从服务教育管理拓展为全面提升教育治理能力。建成覆盖各级教育行政部门、全国各级各类学校和相关教育机构的国家教育管理信息化体系，实现教育基础数据的"伴随式收集"和全国互通共享。

2018 年 4 月，教育部发布《教育信息化 2.0 行动计划》，提出了以下几个重点实施的行动：①数字资源服务普及行动；②网络学习空间覆盖行动；③网络扶智工程攻坚行动；④教育治理能力优化行动；⑤百区千校万课引领行动；⑥数字校园规范建设行动；⑦智慧教育创新发展行动；⑧信息素养全面提升行动。

由以上政策可以看出，在"网络进校"基本完成的今天，国家将教育云平台的建设提到了更高的高度，无论是教育资源公共服务平台还是教育管理公共服务平台，国家主要负责顶层设计和国家平台的搭建。

（四）"互联网＋教育"的作用

一方面，"互联网＋教育"使教育内容持续更新，教育样式不断变化，教育评价日益多元。中国教育正处于一场基于信息技术的伟大变革之中。教育中的"互联网＋"意味着教育内容的持续更新、教育样式的不断变化、教育评价的日益多元。

"互联网＋"课程不仅仅产生网络课程，更重要的是让整个课程教学从组织结构到基本内容都发生了不同程度的变化。正是因为具有海量资源的互联网的存在，各学科课程内容才得以全面更新与拓展，诸多前沿知识才能够及时进入课堂，成为学生学习过程中的"精神食粮"，在课程内容的设置方面也逐渐趋于艺术化、生活化及新颖化。

"互联网＋"教学使传统的教学组织形式发生了革命性的变化。正是因为互联网技术的发展，以"先学后教"为特征的翻转课堂才真正成为现实。同时，教学中的师生互动不再流于形式，而是借助互联网突破了课堂上的时空限制。"互联网＋"教育背景下，教育者更多扮演的是资源提供者、兴趣激发者以及思维引导者的角色。

另一方面，"互联网＋教育"积极推动了教育产业的发展。我国教育产业一直都在受到投资者的密切关注，随着教育产业的快速发展，互联网开始不断影响教育产业的发展走势，但很多的投资者还是不知道"互联网＋"在教育时代起哪些作用。

目前，我国拥有世界上最大规模的互联网用户队伍和手机用户队伍，互联网经济已成为我国经济最具活力的新鲜力量，并且国家启动的"互联网＋"行动计划将进一步推动互联网与相关产业的深度融合。互联网技术、商业模式、组织方法正在成为诸多行业的标配，并改变着劳动力市场的用人标准。现在几乎每个行业都对大学毕业生的移动应用开发能力、数字营销能力、电子商务能力、微信公众号策划能力等方面提出了要求。

可以看出，互联网经济发展和产业变革将推动高校相关专业的建设，也将进一步推动高校培养互联网领域专业人才的步伐。高校培养互联网领域专业人才的重点：一要把互联网技术、物联网技术、云计算、大数据、数字制造技术、智能制造技术等相关知识纳入高校的公共基础课程中，提高大学生互联网知识水平；二要适应互联网产业发展的要求，加快培养市场急需的统计分析和数据挖掘、网络与信息安全、云和分布式计算、计算机制图与动画、网络架构与开发、数据工程与数据仓储、数字设计与出版、用户界面设计、社交媒体营销等专业人才；三要根据《中国制造 2025》确定的十大重点领域把互联网技术融入相关专业教学中，在高校或企业建立涵盖 3D 打印技术、智能家居技术、可穿戴技术、智能制造技术、物联网技术的创客中心或创客平台，引导大学生开展创新创业实践活动。

从某种程度上来看，与互联网配合是我国高等教育改革和发展的必然选择。目前，我国大规模的在线开放课程建设、教学资源平台建设扩大了优质教育资源受益面，使中西部地区高校学生能够参加国内外著名大学网络课程的学习；精品资源共享课、视频公开课使一大批中青年教师教学水平得到了提升；信息技术使教师能更方便地开展启发式、探究式、讨论式、参与式教学，建立起以"学"为中心的教学模式。

随着互联网和教育产业的深度融合，其所延伸出的一系列全新的学习方法和学习理念开始进入大众视野。因为网络具有强大的交互功能、丰富的优质学习资源，在线学习不受时间、空间的限制，为受教育者的个性化学习创造了条件，互联网也将成为高校实施创新创业教育的平台。创新是互联网的灵魂和精神，互联网已成为大众创业、万众创新不可或缺的工具和平台。

三、"互联网＋教育"的主要模式

（一）以课程内容生产为主的模式

近年来，知识教育资源信息化机构和在线学习网站的兴起为教育培训带来了新的生机和活力。一般来说，这种教育培训机构或网站包含从幼教到大学甚至博士或者出国等各个阶段的教育信息，也有包括对工作者或者下岗人员等类别的技能培训，是以提供教育资源和培训信息为主要内容的专门性网站或培训机构。

以职业教育网站或机构为例，该类型的培训机构主要是为从事某种职业并受过一定教育的人进行职业素养特别是职业能力的培养和训练，为其提供从事岗位工作所需的实践经验。其中，最具代表性的是环球网校。环球网校成立于2003年，始终秉承"教育无域，环球共享"的宗旨，深度整合教育资源，创造"以学员为中心、以质量为本、以创新驱动"的在线职业教育平台。近年来，在线教育的发展呈现出新变化。直播技术的发展使教师更专业、教师资源更平衡、用户成本更低；学生拥有更加自主、个性化的学习体验；教师可重建课程结构、改进教学方式；新技术使教学管理更加有效，虚化了学校的地理界限；学校课程的师资队伍结构具有了"主讲教师＋教辅人员＋技术人员"的多元化特征。大环境不断变化，而环球网校始终走在时代前列。2014年，环球网校与国内互联网直播平台机构欢聚时代（美股上市公司：YY）达成战略合作并成为重要股东，利用互联网的技术和运营模式对传统教育模式进行改造，在原有线上培训平台的基础上通过技术创新进行改革；2017年，"云私塾"3.0上线运营，在移动端实现了App、小程序、直播和智能学习的一体化；2018年，环球网校在产品体验和用户运营的互联网化改造上取得关键性成果；2019年，环球网校全面推动人工智能机器学习技术的应用，"云私塾"系统升级为以机器学习算法为基础的人工智能学习平台。截至2019年，环球网校已经发展成为累计学员人数超过1 000万人，集互联网运营、视频录播、直播课堂、智能学习、题库测验、互动答疑、模考测评、图书资料、学员社区为一体，基于大数据规模化和智能化学习运作的在线教育品牌。由此可见，信息技术的快速发展极大地改变了人类的生活，有效推动了教育从前工业社会到后工业社会的迈进，加快了教育的信息化进程。信息技术在把人类带入信息化社会的同时，也为教育改革与发展提供了强大动力。

（二）以平台资源整合为主的模式

在"互联网＋教育"中常见的平台主要有O2O教育平台，华图网校就是其中的典型教育平台之一。2001年，易定宏博士创办了华图教育。多年来华图教育坚持"以客户为中心"的经营理念，在全国县市设有1 000多家学习中心。每年有超过600万名学员通过华图的门店、图书、网站、移动应用等平台体验、学习华图的各类课程；每年进入公务员、教师、事业单位、金融、医疗等公职系统的从业人员中有超过一半的人员参加过华图的培训。华图教育已成为国内公认的公职培训行业标准制定者和教育培训标杆企业，是国家机关事务管理局后勤干部培训中心、中国社会科学院、红旗出版社等单位的合作伙伴。2020年伊始，一场突如其来的新冠肺炎疫情让诸多教育培训公司陷入危机和迷茫，在线下教育停滞的情势下，线上培训成为解决方案。华图教育旗下品牌华图在线和上清北动员所有的优秀教师放弃春节休假，全力以赴为学员服务，安排了最有经验的一线教学名师进行授课，并免费推出100万份长达28天的直播课，确保学习者的学习效果。

（三）以工具产品提供为主的模式

目前出现的"互联网＋教育"新型模式是以教育为目的，提供工具和产品来达到学习目的的平台或网站，其中主要代表有知乎、猿辅导等一系列网站。

知乎是国内的一个真实网络问答社区，于2010年12月正式上线。与其他虚拟社区相比，知乎网能够连接各行各业的精英，社区氛围友好且理性，用户分享彼此的专业知识、经验和见解，源源不断地为中文互联网提供高质量的信息。而现在，知乎也致力于让知识技能的获取从传统线下的知识获取模式走向线上的通过数字形式获取的模式，让知识的交换和共享更加便捷。知乎是一个知识平台，知乎上海量的知识信息正在形成一座巨大的知识库。为了让用户和知识内容更好地连接，知乎依托大数据技术对这些数据进行加工和挖掘，构建优质内容生产和消费闭环，让知识更好地服务用户。作为中文互联网最大的知识平台，知乎以知识连接一切为使命，凭借认真、专业和友善的社区氛围和独特的产品机制聚集了中国互联网上科技、商业、文化等领域里最具创造力的人群，将高质量的内容通过人的节点来成规模地生产和分享，构建高价值人际关系网络。用户可以通过问答等交流方式建立信任和连接，打造和提升个人品牌价值，并发现、获得新机会。

猿辅导在线教育创立于 2012 年，旗下拥有猿辅导、小猿搜题、猿题库、小猿口算、斑马 AI 课等多款在线学习产品，产品主要内容为中小学全学科的课程，全国任何地区的中小学生都可通过猿辅导在线教育产品在家上名师直播课。新冠肺炎疫情期间，猿辅导在线教育全国累计用户数突破 4 亿。以用户最多的小猿搜题产品为例，小猿搜题是一款中小学作业搜题答疑工具，使用手机拍照即可得到答案，覆盖小学、初中、高中，包括数学、语文、英语、物理、化学、生物在内的主要学科。小猿搜题还凭借自身强大的学生学习行为大数据库，结合教师丰富的教学经验，筛选出了 18 550 道经典题目及对应讲解视频，汇总至App 内 "5 年中考 3 年模拟"学习专区。这些题目覆盖学科内所有经典知识点，跨越初、中、高三个难度等级，可谓经典中的经典。学生可以根据个人学习情况，按照适合自己的学习节奏，有针对性地查漏补缺，摆脱盲目的题海战术。

除了搜索题目，小猿搜题 App 的其他功能也同样适用。例如，学生可以将未掌握或容易错的题目一键收藏至错题本，也可以随手记下观看视频讲解时的心得、注意事项等。这些积累更可以一键导出、打印，节省手写整理的时间，也让学习更有针对性。

第二节 "互联网＋教育"的机遇与挑战

人类社会在经历过农业革命和工业革命后，现已进入高速发展的信息革命阶段。信息技术本身具有庞大的高新技术群，涵盖电脑技术、广播电视技术、网络技术、数据库技术、多媒体技术等在内的诸多高新技术群。信息技术的发展对人类社会的各个领域均产生了不同程度的影响，包括教育业。互联网信息技术推动了教育的变革，对传统教育理念、教育模式、教育内容等产生了强大的冲击。特别是"互联网＋"时代的到来，以及近些年在线课程的广泛兴起，在全球教育领域掀起了一场激烈的竞争与革新。基于这一背景，我国高等教育的发展方式也面临全面的转型升级，而从某种程度上来看，传统教育的转型给我国高等教育带来了更大的机遇和挑战。

一、"互联网＋教育"的机遇

（一）"互联网＋"使教育从封闭走向开放

"互联网＋"打破了权威对知识的垄断，让教育从封闭走向开放，使优质的教育资源不再局限于少数名校之中，人们可以不分国界、年龄，通过网络接触到最优质的教育资源。在全球开放的时代背景下，一个全球性的知识库正在加速形成，通过互联网，人们可以随时随地地从这个知识库中获取各国、各地区优质的学习资源。

李克强说："发展公平而有质量的教育。推动城乡义务教育一体化发展，教育投入继续向困难地区和薄弱环节倾斜。"[①] 在我国，教育，尤其是高等教育的质量存在某种程度上的差距。学生在接受高等教育前，虽然城市之间与城乡之间不可避免地会存在师资力量差距悬殊等现象，但是由于总体上所接受的都是基础化和标准化教育，受教育者相互之间差距并不十分明显。不同于基础教育，高等教育同一个专业在不同的学校所开设的课程就大相径庭，培养方式也迥然相异，再加上高校开设课程时间的长短以及教师对于课程的研究水平、对课程的解读不同，都会产生不同的教育质量和教育效果。

1954 年，我国教育事业初创，百废待兴。因此，国家针对教育行业的现状，在高等学校中指定了一批重点学校进行支持，这也是重点大学的由来。从1954 年到 2017 年，重点大学有了很大的变化，从最开始的 6 所，发展到 140 所，在短短的 60 年里，重点大学经历了合并、调整、停办的发展过程。

如图 2-3 所示，我国高校数目从 2015 年的 2 845 所上升到了 2019 年的2 956 所，但教育界公认的"211"大学 116 所和"985"大学 39 所仅占全国高校总数的 5.24%。根据国家建设重点院校的政策可知，为了支持学校的建设，国家的财政性教育经费很大一部分拨给了"985 工程""211 工程"工程的学校，剩余的经费才能分给其他院校。

2012 年，我国财政性教育支出达到国内生产总值的 4%，至今一直保持在 4% 以上，尽管相对稳定，但在近几年上升幅度不大，2018 年这一比重仅占4.02%。在世界范围内与其他经济体相比，我国用于教育的财政性支出明显不足。据统计，在世界范围内教育经费占 GDP 的比重平均水平在 4.9% 左右，发达国家则为 5.1%，欠发达国家为 4.1%。我国对教育的财政性支出难以与我国相应的经济水平保持一致，即使与一般发展中国家相比也明显落后。如此一来，我国高校的资源就出现了僧多粥少的现象，随着高校数量的增加，那些普通院校得到的国家支持也就越少，能够提供的教育质量也随之降低。这导致最优质的教育资源都集中在少数重点高校，而其他院校则很少能得到优质的师资和政策支持。但是，现在高校学生能够通过网络接触到重点高校的教育资源，还可

---

① 2018 年《政府工作报告》。

以跨地域、跨时间段针对一个知识点进行反复的学习，加深对知识的理解，不至于在短短的 45 分钟或一个小时的课堂上强行接受所有的知识点，且不必担心知识点的遗漏。由此，知识获取的效率大幅提高，也为终身学习的学习型社会建设奠定了坚实的基础。

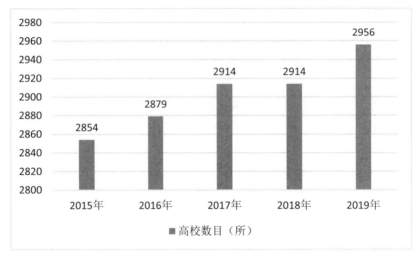

图 2-3　2015—2019 年我国高校数量分布图

2018 年，教育部印发了《教育信息化 2.0 行动计划》，提出到 2022 年基本实现"三全两高一大"的发展目标。其中，"三全"指教学应用覆盖全体教师、学习应用覆盖全体适龄学生、数字校园建设覆盖全体学校；"两高"指信息化应用水平和师生信息素养普遍提高；"一大"指建成"互联网＋教育"大平台。中国目前的"互联网＋教育"发展水平还处于初级阶段，相对于互联网的普及水平而言，仍具有较大的提升空间。

（二）互联网成为信息和知识的载体

互联网出现前，信息与知识的主要承载形式是纸质材料，如书本、报纸、刊物等。尽管当时广播、电影、电视等电子媒介已得到初步发展，但由于制作条件相对复杂、成本较高，不便于信息的保存与获取，电子媒介未能取代传统印刷媒介的主流地位。随着互联网信息时代的到来，信息与知识的主要承载形式逐渐由纸质媒体过渡至互联网，人们获取信息与知识的途径也由各种印刷品转移到网络媒体。如今，大多数人接触互联网的时间远超出读书的时间，人们日常生活中的大部分信息来源于多媒体与网络载体。加拿大学者乔治·西蒙斯将网络时代的知识比喻为河流或管道里的石油，提出了"知识流"的概念。他认为，今天的知识不再是静态的层级和结构，而是动态的网络与生态。由于知识更新速度飞快，知识"半衰期"较以前大大缩短，出现了所谓的"软知识"和"连通性知识"，甚至今天的"知识"已经很难被定义。由于书本是按线性结构组装起来的，其媒介形式以文本为主，以书本为主要载体的时代知识结构是线性、静态、层级式，按照学科分类组织起来的。一门学科最典型的结构是树状结构，先有一个总论（主干），然后再有各论（分支），各论中又可以分为很多小节，小节中再分为很多知识点（枝叶）。而互联网的基本结构是由超链接组成的，是网状、动态、非层级，能够以任意方式组织起来的。因此，互联网上的知识与纸质媒介上的知识在结构与表达形式上有许多的不同点，详见表2-2。

表2-2　纸媒与网络对比

纸　媒	网　络
以书页为基本单位	以网页为基本单位
以文字为主，可有图片	图文并茂、多媒体
无超链接，只能前后翻页	有超链接，可跳页
线性与树状结构， 有严密的逻辑与层级关系	网状与三维立体结构， 无严密逻辑与层级关系
有头有尾、有始有终	无头无尾、无始无终
有统一标准与格式	标准与格式不统一
无法更改	可灵活更改
不可自动生成	可根据指令自动生成
以实物形式存在	以数据形式存在
传播受时间和空间限制	传播无限制
内容由专家学者或书刊编辑确定	内容可由普通网民自由提供

正是由于网络具有与纸媒截然不同的特性，知识由书本转移到网络时将发生巨大的变化，以线性结构为基本特征的传统的学科知识体系将不再是知识的主流形式，传统的卷、期、页、章、节、点结构也将逐渐淡化。尽管互联网上也存在文库和电子书这类与纸媒相似的结构形式，但其作为知识存储的形式之一而存在，主要供学习者在有需要时查阅。读者进行网络阅读时，像读纸质书

一样逐页翻阅、长时间看同一个内容的行为方式并不常见。网络阅读最常见的方式是碎片式的，往往每隔很短时间就跳到另一个不同的网页。互联网网页与应用可根据读者的不同需要生成多种形式，每一个网页可视为一个信息与知识的"碎片"，根据信息（知识）接收者的指令，这些碎片可以重构出不同的整体，如搜索菜单形式、百度百科形式、百度知道（问答）形式、全图片形式、全视频形式、全音频形式、电子杂志形式、RSS（Really Simple Syndication）订阅形式，还有其他自动推送形式等。此外，基于互联网的应用还可以根据信息（知识）提供者要求，生成微博形式、微信形式、公开课形式、慕课形式、游戏体验形式、资源库形式、专题网站形式、其他数据库形式等。总之，碎片与重构就是互联网组织信息与知识的基本方式，这种方式不仅改变了知识，也改变了学习的形式。

（三）"互联网＋"实现了个性化教育

"互联网＋"的技术首先给我国的教育事业带来的机遇就是教育的个性化程度不断加深，由于现阶段大数据技术以及学习分析技术的发展速度不断加快，"互联网＋"时代之下，教育能够发挥互联网大数据的作用，促进互联网教育事业的个性化发展。另外，随着这些技术的发展，教育发展获得了更多的发展机会和发展空间。当今有一些教育信息技术公司就针对学生个性化的发展需求，制定了满足学生需要的一些网络系统以及网络电子学习产品。这也是互联网给教育事业带来机遇的表现，在未来市场发展的过程中，将"互联网＋"与教育事业相结合还将有更多的创新和发展。

现阶段，我们生活在"互联网＋"的时代下，教师能够通过在线教育课程快速及时地搜集到很多有用的信息，能够改善学生的学习方法，提高学生的学习能力，还可以通过搜集学生学习的相关数据掌握学生的学习特点，并通过了解学生看视频的时间长度、看视频的跨度以及做题的正确率等来了解学生的具体学习情况。同时，"互联网＋"给我国的学校教育也带来了个性化的机遇，能让学生更好地适应学习，提高自己适应学习的能力。因为互联网技术给学生提供了很好的学习环境或者相对应的场景，能够让学生有机会进行自主学习，最终提高自己的自主学习、解决问题的能力。从另一方面来看，在"互联网＋"的时代下，通过大数据分析能够更好地了解学生的学习特点，分析学习的整个过程并了解学习的结果，从而可以促使教师改革教学设计，开展一些促进学生自主学习的教学活动。

（四）"互联网＋"改变了高校教学模式

在现阶段教育领域，互联网的融入在很大程度上拉近了教师与学生之间的距离，两者之间不再泾渭分明。传统"以教师为主导"的授课形式逐渐被"以学生为中心"的授课形式所替代，且随着"三通两平台"的建设，学生可更加快速、便捷地获取自身所需的知识，教师不再是知识的掌权者。教师在整个教学变革活动中应努力调整自身定位，让自己成为学生学习的伙伴和引导者。

"以学生为中心"的教育始终强调和突出学生的个性化特征。作为应试教育大国，我国对学生学习成绩的评判主要以考试结果为准，认为成绩优秀的学生也兼备优良的品德。这种传统守旧的评判方式致使许多尽管存在偏科但具有特殊才能的学生发展受阻，学生个人才能被严重忽视。而互联网中的用户思维就是指在价值链的各个环节都要"以用户为中心"去思考问题，根据用户的需求进行服务。在"互联网＋"时代，利用大数据分析学生的特点能够准确分析出学生的兴趣爱好、认知水平、接受能力等，然后在此基础上因材施教。例如，美国亚利桑那州立大学是美国规模最大的公立大学，拥有近 72 000 名学生。该校也采取了在线教育服务商 Knewton 的"动态适配学习技术"来提高学生的数学水平，2 000 名学生使用该系统两个学期之后，该校的辍学率下降了 56%，毕业率从 64% 上升到了 75%。因此，利用大数据对学生特性进行分析，然后为学生提供相应的教学能够更为有效地提升学生的学习效果。现在为了满足学生的需要，互联网为学生提供了多种学习模式，如体验式学习、协作式学习及混合学习等模式。而其中最具特点的是 4A（Anytime、Anywhere、Anyway、Anybody）学习模式，即学生可以在任何时间、在任何地点、以任何方式、从任何人那里学习。这也在一定程度上体现了互联网教育培养学生尤其是大学生自主学习的理念。

传统教育体系包括教育对象和教育环境两大体系。教育对象指的是学生，而教育环境则包括学习主体以外周围的事物，如教师、教学内容、教学条件等。在传统的教学系统中，我们的出发点和落脚点在于考试和升学，对于学生的发展关注较少，因而学生总是在经过系统化的教育和培养后成为一个个标准化"产品"，个体之间缺少差异性。英国著名教育理论家怀特提出，学生是有血有肉的人，教育的目的是激发和引导他们的自我发展之路。也就是说，教育的核心是要充分调动人的主体意识，使其在学习、发展过程中变"被动"为"主动"，产生积极主动的心理状态，从而提高自身的认知水平和学习效率。而互联网时代强调的就是主动性和创新性，通过提升学生的主动性来提升教育的效率。

"互联网＋"进入现有的教育体系之后，打破了原有的教育体系的平衡，敲开了教育原本封闭的大门，为传统的教育体系提供了新的知识信息源泉，使原有的学生子系统能够更为快捷和方便地与外部的大系统进行知识的交互，获取信息，推动了自身知识的增长，从而推动了教育的自我进化。同时，互联网的虚拟环境能够为学生创造一个拟真世界，学生能够利用互联网从三维的视角认知、探索世界。例如，管理专业的学生能够通过网络进行沙盘模拟获知与企业运营相关的知识等，由此学生的实践操作能力得到了加强。

"互联网＋"打破了权威对知识的垄断，让教育从封闭走向开放，极大地放大了优质教育资源的作用和价值，改变了大学教育的传统教学模式，并加速了教育的自我进化。尽管"互联网＋"催生出一系列相关的教育市场，教育要素自发在国际流动，但这一背景也使国内高校教育面临来自各个领域的冲击，自身发展受到严重阻碍。因此，接下来我们将探讨"互联网＋"对高等教育提出的全新挑战。

二、"互联网＋教育"的挑战

（一）智能手机所带来的挑战

当信息技术专家将关注点放在如平板电脑、数字化教学平台、电子阅读器、网络课程学习机以及数码学习机等高技术含量的电子产品上时，智能手机已经成为学生的随身之物，仿佛成为人体器官的一部分。智能手机比其他智能设备更便于即时互动，并且携带方便，其带来的迅捷与实用价值不言而喻。

智能手机的功能越来越多，价格越来越低廉，随着移动互联网的普及发展，智能手机能够触及的优质学习资源越来越丰富。然而，与手机快速普及相应的是，目前我国高等院校不提倡学生将手机带进课堂。手机上网、即时交互的"低头族"成为许多高校课堂上越来越不容忽视的一道"风景"，手机被许多学校和教师视为课堂上不受欢迎的"第三者"。

国内有学者认为，智能手机公开进入各级各类学校与课堂只是一个时间问题，是做好准备主动"迎接"它进入还是让它"破门而入"，是值得目前教育界思考的一个问题。未来，我们的教师将不得不与手机这个"第三者"在课堂上和平共处，学生将越来越频繁地在课堂上利用手机进行实时查找资料、做练习、看微课视频、交流信息、发微信、录音录像、直播课堂教学等。在目前的数字化校园里，手机已经成为学生学习与交流的重要工具，碎片式学习越来越普及，越来越多的微课（微视频）可以通过手机即时观看，问题讨论、作业与考试也可通过手机完成。随着数字校园向智慧校园的迈进，智能手机的应用及趋势会愈演愈烈。在信息化快速发展的大趋势下，会有越来越多的教师愿意拿出原来的讲课时间让学生开展交流讨论，同时逐渐接受学生通过智能手机和网络获取信息与知识，甚至愿意让学生在课堂上分享他们从手机和网络中学到的东西。部分教师甚至还会鼓励学生利用手机看微课、找资料、做作业、参与投票、交换文件、进行社会化交流等。一旦我们在课堂上开放手机和网络使用，传统的以讲授为主要方式、以应试为主要目的的课堂教学模式无疑将趋于瓦解，真正意义上的教育变革就会来临。

（二）"互联网＋"冲击学生心理健康和人际关系

2020年是我国接入国际互联网26周年，据中国互联网网络信息中心发布的报告，截至2020年3月，中国网民规模突破9.04亿人，其中又以20～29岁的网民为主要的网络群体，占比达到21.5%。2019年，国内域名总数5 094万个，网站数量为497万家，预计全国信息消费整体规模将达6万亿元。而网民中有一部分是20～24岁的高校学生及在职学生，特别是受新冠肺炎疫情影响，全国各大中小学开学推迟，教学活动改至线上，在极大程度上推动了在线教育用户规模的增长。图2-4为2015年12月至2020年3月在线教育用户规模及使用率。

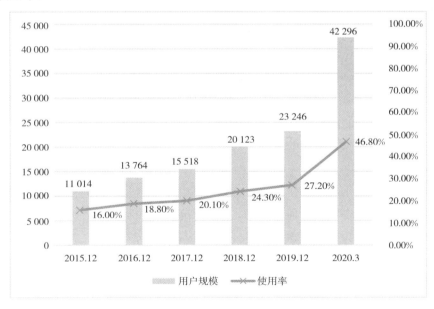

图2-4 2015年12月至2020年3月在线教育用户规模及使用率

互联网由于其信息的易得性和娱乐性成了人们信息获取的主要来源和沟通的主要方式，但是由于我国对于互联网管理的法制还不健全，管理比较被动，互联网上的信息以及教育视频良莠不齐，包含许多反动言论和不健康的信息。

另外，由于技术不平衡，网络上过半的信息为英文信息，而且国外发达国家也较早从事互联网教育工作，所以现在网络上比较有名的几个互联网教育机构或雏形都是国外的产品。最糟糕的是少数西方发达国家凭借对网络高技术的垄断极力推行网络霸权主义，他们通过互联网大力宣传西方文化的同时，还宣扬一些暴力和"黄色信息"，致使在大学之前较少接触网络的高校学生可能因为青春期的萌动导致心理扭曲，造成不良的影响。

与此同时，虚拟性是互联网的一个重要特点。在互联网中一切的事物都是虚拟的，正是这一特性使我们的学生具有了虚拟的身份，而学生现实中的人际关系却变得冷漠起来。传统的教学使学生在集体环境中学习和生活，能够参与到多样化的集体活动中，在与同学的交往过程中，他们的群体意识、集体主义观念和团结协作的精神潜移默化地得到了培养。而网络环境则是一个相对封闭的环境，纯粹的网络学习是通过一套网络设备完成相互交流，人与人之间直接交往的机会急剧减少，教师与学生之间的情感不能被直接感受到，教师与学生之间仅仅是通过 BBS、E-mail、QQ、微信、微博等网络工具进行交流，人与人之间建立的关系是一种虚拟的人际关系、一种不现实的关系。这种虚拟的关系会使学生的群体意识淡薄，不利于健康个性及人格的发展，也不利于人与人之间的协作共事、共同生活。

（三）"互联网＋"使学生受到学习碎片化的影响

祝智庭教授认为，学习碎片化起始于信息碎片化，进而带来知识碎片化、时间碎片化、空间碎片化、媒体碎片化、关系碎片化等，即学习者可以利用乘坐公交车、课间休息、睡前十分钟等零碎时间，通过网络获取一些零碎的知识进行学习。碎片化学习资源具有短小精悍、结构松散，传播迅速、生命周期短，去中心化、多元化与娱乐化以及多方式表达、多平台呈现的特点。而这些特点可能导致学生产生学习障碍。首先，碎片化知识的短小精悍、结构松散促进了学生认知方式的转变，对新知识的呈现形态提出新的要求，学生适应了简短的信息阅读方式后可能会对较长的信息和图书阅读产生不适感。同时，长期以来，我们受到的大学教育都是系统的知识教育，而结构松散的知识要求学生能够对知识进行加工建构，否则学生就会产生认知的障碍，甚至以偏概全。其次，碎片化知识传播迅速、生命周期短，这就对学生的记忆能力提出要求。一直以来，高校学生都习惯了纸质书籍这种连续的、线性的知识获取方式，先后信息相互联系具有一体性，这样便于学生对于知识进行记忆。但是碎片化知识以短时间记忆为主，因而学生日后对信息进行提取时可能产生虚构和错构，导致信息失真。最后，碎片化信息去中心化、多元化和娱乐化等特点导致学生的思维不能集中，产生思维跳跃。知识碎片的多元化导致正在思考的学生很容易被环境中时刻变化的新信息吸引，尤其是被娱乐信息吸引，无法围绕一个主题进行深入思考。同时，大量碎片化知识和信息虽然唾手可得，但其中有大量内容空虚、缺乏价值甚至毫无价值的信息，学生如果对于这类信息全盘接受而不加以思考，就会产生思维活动空洞，毫无深度可言。正是因为互联网下的教育与各行各业的知识在不断融合、更新、拓展，知识的复杂度加强，信息以指数级增长，且呈现出碎片化形式，可用的资源虽然丰富却也鱼龙混杂。而在传统学习模式下，学生一直接受的是填鸭式教育，对于知识实行的是全盘接受的模式，无须考虑其他，但是互联网时代却需要学生对知识信息进行加工处理，而这对于学习能力不足、信息加工处理能力不足的学生来说是一个巨大的挑战。

（四）社会主义核心价值观面临挑战

互联网具有很大的融合性，能够将全球范围内的各种文化等信息完美地融合在一起。互联网可以扩大青少年的视野和眼界，让其不再局限于一件事情，而有更高的眼光和视角。同时，在互联网上所获得的正确的科学知识和信息也能促进青少年的健康成长。但是，众所周知，互联网上的信息并不完全都是健康的，网络信息传播渠道的不断增多也直接地造成信息的复杂性和多样性。因此，我们也要看到一些不健康信息的负面作用，要发现和寻找正确有用的信息以满足自己的需求。面对互联网的这种信息大染缸，我国教育还要培养具备辨别能力、选择能力以及拥有正确价值观的学生，使其适应社会多元文化共存的环境，也要帮助学生在利用网络查询信息的时候提高明辨是非的能力。在平常的教育教学中，教师要开展社会主义核心价值观的教育，帮助学生树立正确的价值观，学生应该具备一定的人生理想，只有具备了人生理想，才能有机会实现自己的目标。一开始，我们可能并不具备任何实现人生理想的条件，但是我们可以通过不断学习，搜集更多的信息为自己所用，从而不断地提升自己的能力，完善自己的人格，培养正确的价值观。我们要立足本土，应对"互联网＋"的挑战，创造出一条培养中国的核心价值观教育之路。

第三节 "互联网＋教育"的发展趋势

"互联网＋"时代，以信息为载体的优质教育资源不再聚集和局限在有限的几所学校，而是可以近乎无成本地均匀分布在每个学校。"互联网＋教育"重新定义学校与教师，"名师"将不再仅属于某个学校，"择校"情况也将消失。在传统教育体制下，教师、课堂、书本基本占据了学生学习知识的整个世界。在"互联网＋教育"的环境下，教师可比作"可以观看外面风景的窗口"，如何引导学生从"知之者"变成"好之者"，再更进一步变成"乐之者"，将成为教师的主要义务。传统学校与教师是否能适应信息领域的新技术和新应用，是决定"互联网＋教育"能否进入正轨的首要问题。在"互联网＋教育"的大环境下，作为教育网络中的节点，学校（尤其是高校或民间培训机构）也面临着巨大的不确定性，学生从无法选择老师到近乎可以从全世界找到自己喜欢的老师。因此，有人认为"互联网＋教育"的发展将会淘汰大多数平庸的老师，让所有学生都体验到世界一流的教育。在国外，甚至有人断言，"未来全球只需要三所大学：哈佛大学、耶鲁大学和牛津大学"。从本质上讲，教育互联网领域的这种"马太效应"是一种社会进步的表现，它可以从教育领域解放更多的人力去从事其他有益的工作。学校和教师必须以适应互联网的意识和平和心态去面对现实。"互联网＋教育"如何吸引全社会资源投入其中并形成良性循环也至关重要，互联网信息近乎零成本扩散和传递的属性，使互联网教育难以像传统培训机构那样依靠教室的物理实体来限制知识"外泄"，从而实现重复授课并获利。

而作为新兴的教育形式，"互联网＋教育"未来将走向何方值得我们深思。本节从大众娱乐化、人工智能化、共享经济化以及虚拟现实化等不同维度出发，去探索"互联网＋教育"的未来。

一、大众娱乐化

"书山有路勤为径，学海无涯苦作舟。"这是传统教育对待学习的态度，而在互联网时代，学习将不再是一件"苦差事"，而是一种娱乐方式、一种生活方式，让更多人从"不得不学习"变成"我想要学习"。

其实，传统教育也有"寓教于乐"的说法。孔子作为中国教育第一人，也曾提出"知之"不如"乐之"，"乐之"不如"好之"。由此可见，兴趣是最好的老师，这是孔夫子时代就已经明确的真理。真正的好老师是能够激发学生学习兴趣的，这一点在娱乐泛化的现代社会显得尤为重要。于丹对《论语》的讲解颇有争议，受到了传统国学家的诸多质疑，但也正是于丹使更多的普通人了解《论语》，使《论语》精神得到传播。诸如此类的教育名人还有很多，他们之所以能够受到大众的欢迎，并不是因为他们是最博学多闻的，而是因为他们能够激发起人们的学习兴趣，能够为人们提供愉悦的学习体验。

现如今，大众开始接受"教育即娱乐"这一前沿观点，教育不再是精英教育和应试教育，而逐渐成为一种大众化的教育。人们看于丹对《论语》的解读，不是为了应付高考，而是为了获得某种精神体验。在线教育的竞争对手从来不是传统教育，而是互联网时代的其他精神产品，如美剧、网游、论坛、购物网站等。

教育和娱乐之间的界限变得越来越模糊，很多情况下已经分不清哪些属于教育，哪些属于娱乐。近些年流行的一些现象级娱乐节目，如《中国诗词大会》《见字如面》《朗读者》《国家宝藏》等，既有娱乐的目的，又有传递知识的功能。

热衷于探索和学习是人类的天性。正是在这种天性的推动下，人类不断地探索自然，发现大自然的奥秘，一步步地走向更高层次的文明。这样的探索在今后仍然会继续进行下去，这是由人类的天性和遗传基因决定的。对学习的理解不能仅仅停留在学习书本知识这个层面，它涵盖对人类社会一切文明成果的学习。例如，中老年人对养生知识的热衷、足球迷对 AC 米兰的痴迷、星座迷对星座知识的钻研等都属于学习的范畴。值得反思的是，为什么传统学校开设的课程，如语数外，不能激发出大众学习的热情，反而成了学习的负担呢？借用 Christensen 的话来解释就是："因为我们的教育方法太糟糕了。"

如果太过于关注学习知识功利的一面，将学习当作升学、求职的工具，赋予学习自身不可承受的沉重负担，那么学习就变成了枯燥的任务。豆瓣、知乎的出现使学习的形式更为轻松，因而受到了大众的欢迎。但它们也只是教育娱乐化时代较为初级的 1.0 版本，未来的在线教育将会把教育的娱乐功能发挥得更为充分。

二、人工智能化

一方面，物联网技术与智能机器人的应用，能够节省教师的时间，从而让教师将时间用到更重要的事情中去，如可以通过机器人的语音识别系统，让机器人代替教师和学生进行交流。另一方面，知识图谱的应用将大幅提高学习者的效率。对于结构化的知识，智能设备可以轻易地进行优化和处理，通过层次结构和映射关系为学生提供最优的学习路径；而对于职业教育等非结构化的体系，则需要人工智能挖掘内在关系，并对不同学生进行内容匹配。非结构化的知识隐藏着不同的维度，需要系统数据挖掘和机器学习的支持。互联网时代大数据与云计算技术的产生已为人工智能和机器学习提供了客观基础。目前，人工智能虽然还没达到变革的地步，但随着"互联网＋教育"的发展，其在教育方面的应用将会越来越广。

三、共享经济化

简单而言，教育行业"共享经济化"主要体现为类似于部分行业中的"抢单"模式，学生提出问题，全球在线老师都可以用微课的方式回答，在满足学生学习需求的同时，以竞争解答速度与质量的方法来提高整体水平。目前，国内也有在线教育类 App 开始尝试从这个方向进行破局，如作业帮教育科技有限公司自主研发的多项学习工具，包括拍照搜题、作业帮直播课、古文助手、作文搜索等。在作业帮，学生可以通过拍照、语音等方式得到难题的解析步骤和考点答案；可以通过作业帮直播课与教师互动学习；可以迅速发现自己的知识薄弱点，精准练习补充；可以观看课程直播，手机互动学习；也可以连线老师在线一对一答疑解惑；学习之余还能与全国同龄学生一起交流，讨论学习、生活中的趣事。

再如，慧科教育集团于 2016 年并购国内领先的泛 IT 职业教育培训机构"无限互联"。通过并购的催化，无限互联可共享慧科教育集团丰富的高校资源和教育产品品类，迅速实现业务上广泛而深入的覆盖以及新品类的快速推出。同时，无限互联与集团旗下泛 IT 在线职业教育平台"找座儿"实现职业教育领域线下线上的全面覆盖，构建慧科教育集团高等教育和职业教育的 O2O 大生态。同时，通过此次并购，慧科教育集团将全面打通高等教育与职业教育全链条，满足学生从入学、学习到实习以及就业的全程需求，对于探索和推动高等教育和职业教育的创新思路和模式意义重大。如图 2-5 所示为慧科教育集团战略性新兴产业专业体系。

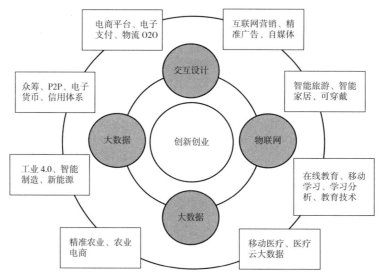

图 2-5　慧科教育集团战略性新兴产业专业体系

四、虚拟现实化

虚拟现实是一种运用计算机对现实世界进行全面仿真的技术，其根本目标是通过用立体眼镜、传感手套等一系列传感辅助设施，达到真实体验和基于自然技能的人机交互，最终实现一种三维现实。目前，虚拟现实技术的应用除常见的戴着头盔与手套的"模拟场景"，还包括"人工现实（Artificial Reality）技术""虚拟环境（Virtual Environment）""赛博空间（Cyberspace）"等。虚拟现实技术的应用使互联网的一个平面世界出现了三维的场景，在虚拟世界中创建了与现实社会类似的环境，实现了学习媒体的情景化及自然交互性的要求。书本上的知识点，如果单凭死记硬背以及教师的黑板授课等方式，很难让学生理解。随着近两年 VR 技术的快速发展，VR 教育打破了传统教学的呆板、单一的方式。VR 教育让学生和教师在超越现实的虚拟环境中自由移动、交互和操作，体验到了无法用简单的图文或者视频构造的情景。另外，对 VR 教学软件的兴趣和穿戴设备的限制让学生的注意力高度集中，可以说是最有效率的学习方式。VR 教学提供了更符合人性、更有效率、更多元化的教学方式，从而使学习更简单、更快乐、更高效，具体表现在以下几个方面。

（一）虚拟场景的创设

虚拟场景是指通过虚拟现实在不同的时间或地点表示出在现实生活中可能出现的一些场景，在各种语言教学中应用非常广泛，尤其是在作为语言学科的语文或外语教学过程中应用广泛。

随着科学技术的不断发展，可以预言虚拟现实技术所创建的虚拟教学环境将成为外语语言教学的重要手段。通过虚拟现实，学生可以和国外友人面对面地进行交谈，也可以感受美国总统竞选时演讲的现场气氛。在由学生进行角色扮演时，虚拟现实也可起到创设特定情境的作用。采用虚拟现实，可以使学生完全沉浸到教学所需的各种环境中去，如可以利用虚拟现实创设商店、医院等场景，指导学生扮演各种角色，这对提高学生的外语综合能力无疑是一个很大的突破。

（二）虚拟仿真校园

众所周知，学习氛围、校园文化对教育的影响和作用是不可忽视的。教师、同学、教室、课堂、实验楼等，甚至校园的一草一木，无不潜移默化地影响着每一名学生，伴随着他们成长。学生从中得到的教益从某种程度来说远远超出书本所给予的。虚拟现实技术可以仿真校园环境。随着网络教育的迅猛发展，尤其是宽带技术的大规模应用，国内一些高校已经开始逐步推广使用虚拟校园模式。比如，浙江大学、上海交通大学、北京大学、西南交通大学等著名高校，都已经采用虚拟现实技术建设了虚拟校园。同时，北京四中、北京景山学校也都有了自己的虚拟校园。虚拟校园使各类有实力的学校开始走向开放办学的模式。

（三）虚拟课堂

作为传统课堂的延伸，虚拟课堂突破了空间、时间的限制，使课堂教学不再局限于有形的教室中。在空间上，大到宇宙宏观环境，小至粒子结构的微观环境，都可以在虚拟课堂中进行全方位的研究和观察；在时间上，一些需要几十年甚至上百年才能观察到的变化过程，通过虚拟现实技术，可在很短时间内呈现给学生。虚拟现实技术可以对学生学习过程中所提出的各种假设模型进行虚拟，并直观地观察到这一假设所产生的结果或效果。例如，在虚拟的化学系统中，学生可以按照自己的假设，将不同的分子组合在一起，再由电脑虚拟出组合的物质。利用虚拟现实技术，学生还可以进行温室效应、电路设计、建筑设计等方面的探索学习，达到理论与实践相结合的学习效果。

通过虚拟现实，人不但可以与机器交流，还能通过网络进行人与人之间的交流。虚拟现实能更好地实现游戏性，让教育能够寓教于乐，从而有效激发学生的学习兴趣。同时，虚拟现实教育能够创建学习情景、支持合作、促进交流、促进知识表达和应用，从而有效地构建一个非常优良的学习环境。

第三章　互联网与现代体育教学的关系

第一节　互联网体育信息的传播特点

伴随着我国信息产业发展的不断加速，以互联网为主要特征的体育信息传播方式逐步成为社会大众了解和掌握体育信息的主要手段。据调查了解发现，在互联网信息查询和浏览中，体育信息所占的比重越来越大，由此也说明体育信息传播已经成为互联网站信息咨询的重要组成部分。点击查询国内众多互联网站，发现在各类网站中，体育信息的相关咨询和服务内容都是主要大型互联网站不可缺少的栏目内容，而且伴随着人们对于体育赛事和体育新闻的关注程度不断提升，体育已经成为人们了解外界和获取休闲娱乐方式的主要途径之一。从国内外最近三年体育信息的搜索和点击量来看，体育信息已经成为互联网信息获取中重要角色之一，由此也说明，互联网信息传播中缺少不了体育信息传播，体育信息的传播也离不开互联网。

一、体育信息传播发展现状

微博、微信等新型媒体形式不断涌现，使体育与新媒体存在共生关系，形成了独立的体育精神和文化世界，成为人类生活中不可或缺的一部分。随着新媒体的发展，体育与新媒体也发生了共生关系：体育具有倡导新的生活理念方式，自身备受关注并易与媒体结合等特点，给传媒产业带来了良好的利益增长；新媒体帮助了体育运动的推广，扩大了社会影响力，形成了独立的体育精神和文化世界。体育与新媒体的结合发展成为大势所趋，为此，了解当前体育信息的传播现状，及时从中发现问题，并有效利用新媒体进行信息传播，对我国的体育传播事业将起到一定的促进作用。

（一）网站传播

当前，我国体育信息的互联网传播主要依靠门户网站的体育频道和各种专业体育网站提供文本、图片、音频和视频信息。我们通过使用 iWeb Choice 来了解中国体育网站流量和影响力的排名。由表 3-1 可知，截止到 2019 年，中国体育类网站排名前列的有虎扑体育、新浪体育、直播吧、户外资料网、搜狐体育、东方网体育、腾讯体育、网易体育、A 直播以及雪缘网等。由此可知，网友一般还是习惯通过大型门户网站获取体育信息。

表 3-1　2019 年中国体育网站影响力排名

排　名	网站名称	Alexa 排名	PR 值
1	虎扑体育	2 899	7
2	新浪体育	14	7
3	直播吧	874	7
4	户外资料网	10 611	7
5	搜狐体育	7	8
6	东方网体育	168	6
7	腾讯体育	5	7
8	网易体育	150	8
9	A 直播	25 499	4
10	雪缘网	47 710	6

（二）微博传播

新浪微博于 2009 年 8 月推出，目前在国内处于用户数量和影响力绝对领先的地位。网易微博于 2014 年 11 月 5 日宣布正式关闭。2014 年 7 月 24 日，腾讯微博事业部被撤销。搜狐微博目前也处于一种低迷的状态。因此，我们通过新浪微博来分析体育信息微博传播现状。截至 2020 年，微博上关注度最高的五位体育明星是孙杨（粉丝数 3 342 万，发布微博数 1 911 条）、李娜（粉丝数 2 252 万，发布微博数 952 条）、田亮（粉丝数 2 131 万，发布微博数 2 316 条）、易建联（粉丝数 1 625 万，发布微博数 943 条）和张继科（粉丝数 1 141 万，发布微博数 239 条）。微博的撰写要求在 140 字以内，这种信息内容单一和字数的限制形成了微博信息传递的碎片化特征。这种碎片化的信息往往包含大量对受众无用的信息，微博用户会因为信息泛滥而丧失获取信息的兴趣，甚至降低微博的登录访问频率。微博体育信息传播还具有话语权、意见领袖表征。上述五位体育明星，在微博中都具有上千万的粉丝，粉丝可以对大 V 发布信息进行评论、回复、转发、点赞，这对体育信息的传播具有非常重要的意义。

（三）微信传播

体育信息在微信平台的传播日渐成为受众接收体育信息的重要来源。2016年，微信公众号的数量已经突破 1 200 万个，其中就有包括体育媒体在内的众多媒体微信公众平台，他们凭借微信多媒体兼容的传播优势向受众提供免费的信息推送服务。截至 2020 年，最受关注的微信公众号前 5 名为 NBA 篮球实用技巧（总阅读数 376 598、总点赞数 1917、头条平均数 100 001），NBA（总阅读数 400 279、总点赞数 1 594），腾讯 NBA（总阅读数 149 199、总点赞数 344），CCTV5（总阅读数 14 3168、总点赞数 261），杨毅侃球（总阅读数 97 293、总点赞数 1 163）和 NBA 篮球实战宝典（总阅读数 89 321、总点赞数 245）。目前，体育信息通过微信公众号传播较微博传播而言尚处于起步阶段，其传播具有以下特点：

第一，点对点的大众传播模式。公众账号可以通过群发消息对所有关注它的微信用户进行信息传播，但其也需要有足够的粉丝才能达到传播效果，且由于信息海量，很容易被淹没。

第二，噪音干扰较少的传播过程。发给微信好友的信息，其他人无法直接查看，但其信息仅限于所在平台或朋友圈进行传播。

第三，具有强大的信息扩散能力。微信用户对于接收到的信息可以转发、分享，但也增加了微信传播的低俗倾向和制造网络谣言的可能性。

此外，现有的微信体育公众号还存在平台定位不明确、推广内容的同质化倾向、微信平台的推广形式单一和平台互动服务不足等问题。

二、体育信息的传播特点

目前，我国体育信息传播表现最为突出的依然是新浪、搜狐、网易和腾讯等大型互联网站。通过对这些网站体育新闻的跟踪和调查，我们发现这些网站在体育信息传播方面都具有一些共同的特征，具体表现在以下几个方面。

（一）体育信息摄取和传播频度的快速性

新闻信息最大的特点就是快，和传统报纸媒体相比较，网络信息传播在传播时效方面所具有的优势是报业媒体所无法比拟的。各大型网站在完成信息的采集和处理之后，可以在短短的几秒钟之内从世界的任何一个角落传播到另外一个角落。这种高效率的传播途径使大众可以在第一时间获取到任何体育信息，包括赛事状况。对于赛事而言，有 95% 左右的信息浏览人员都希望在第一时间甚至同步了解到赛事的状况，而不是之后的几个小时，大众对于信息及时性的要求迫使互联网站在体育信息的获取时必须做到高效。另外，面对世界范围内的各种赛事及体育明星的重大信息，都必须第一时间告知世界每一个角落的体育爱好者，所以各大网站在体育信息更新方面频率非常快。在体育信息更新频数方面，基本上各大互联网站都能做到事件发生的同步更新。

（二）体育信息的高度互动与参与性

对于任何一个网站而言，免费的信息获取需要网站承担较大的支出，为了在收益方面有更卓越的表现，就有必要了解大众对于信息的兴趣程度和关注程度，所以几乎所有的网站管理人员都会对自己网站发布的信息参与和浏览人数进行及时的统计和分析，如某一项体育赛事结束之后，对于赛事的结果和赛事的过程，很多支持者和关注者都会对赛事进行评论，互联网站就可以通过评论的频率、评论的次数等信息了解到关注人员对体育信息关注的方向和趋势，这对网站的体育信息传播提供了重要的参考数据。比如，2008 年北京奥运会，国际奥委会首次允许运动员在奥运会比赛期间发表自己的博客，这为运动员与赛事观众和支持者提供了一个良好的交流平台，观众可以了解更多队员在赛事期间的心得体会，情感变化。通过这个网络交流平台，也可以让观众对队员了解更多；反过来，队员受到观众的支持和关注，对于提升他们参赛的信心也是很有帮助的。

（三）网站体育信息的娱乐化

伴随着体育功能的多元化发展和市场经济对于体育所赋予的价值，体育的休闲娱乐功能在大众生活中体现得愈发明显。因此，互联网站在体育信息传播中也具有明显的娱乐化趋势。以前的网络媒体受人们观念的影响，在体育信息报道中，主要集中在体育赛事的状况，这和传统媒体的风格是完全一样的。随着体育市场的不断发展，人们对于体育信息的获取更多的关注点在于体育文化传播、体育娱乐、体育健身、体育精神、体育明星、体育传奇色彩等方面的内容上，这就要求网络媒体在信息选择上注重对这些信息的挖掘，使信息的趣味性、可阅读性更符合大众的口味，所以带有故事情节的各类报道逐步占据了体育信息传播的大多版面和章节。体育信息娱乐化发展已经成为当今媒体报道的主流趋势。

（四）体育信息的自由选择性

相比较报业而言，互联网信息的容纳数量是巨大的，任何一个网络用户都可以轻松地在各大网站搜寻到自己感兴趣的体育信息，这种便捷性在传统媒体中是无法实现的。传统媒体由于受到版面限制，信息容量相对较小，这就使网络信息传播在市场角逐中更胜一筹。比如，对于赛事密集的奥运赛事和足球世界杯，人们就可以根据自己的喜好选择自己关注的比赛和体育明星。另外，传统媒体缺乏必要的相互沟通机制，而网络媒体为每一个用户都提供了便捷的沟通渠道，用户可以通过博客、微博、微信等方式参与到相关信息的传播中去，让大众在可选择的空间内享受快乐。

（五）体育信息传播的共享性

即便在网络媒体快速发展的今天，任何网站也不可能将所有的体育信息都及时地采集到，这需要传统报纸、电视台及其他互联网站的配合才能共同发展。所以在面对各种大型体育赛事时，这种媒体之间的相互协作就显得尤为重要。与媒介之间的相互配合和资源共享已经成为当今体育信息传播的重要手段。据报道，在2008年北京奥运会期间，搜狐网与新华社、北京电视台，以及中央电视台等国内知名卫星电视台、广播电台及平面媒体构建了一个专业的媒体联盟；而新浪、网易等知名网站与路透社、法新社、美联社等世界知名媒体开展了广泛的合作，为体育信息的摄取和报道编制了一个立体式的网络联盟。这些短期联盟一方面可以提升各个媒体的知名度，另外一方面也可以加速资源的整合，提高工作效率。

三、体育信息传播功能技术特点

互联网是目前国际上使用最广泛的网络，也是未来信息高速公路的雏形，它的发展代表着当今网络信息服务的水平。互联网的主要功能如下。

（一）信息传播

所有用户都可以把信息任意输入网络中，用户可互相交流，传递各种文字、数据、声像信息。对于体育运动来说，大量动态信息通过压缩传输有快捷、准确、方便的特点，可以大大加快体育信息的传播速度，给体育科研提供了非常有利的条件。

（二）电子邮件

这是通达全球范围的电子邮件服务系统，不受时间限制，快速、经济，用户只需要按照网址发一封电子邮件即可得到邮件服务，为体育资料的获取提供了便利周到的服务。

（三）网上专题讨论

这一功能使体育各学科之间进行网上国际学术交流成为可能。不必为进行学术交流长途跋涉，耗费人力、财力，而且高效、迅速、方便。目前，在网上运作的体育专题已超过 2 000 个，国际奥委会（IOC）、国际体育信息联合会（IASA）、奥委会组委（OCOG）、国际单项体育联合会（IF）、国际业余田径联合会（IAAF）、国际篮球联合会（FIBA）、国际足球联合会（FIFA）、国际排球联合会 (FIVB)、国际棒球联合会（IBA）、国际业余游泳联合会（FINA）、国际体操联合会 (FIC)、国际羽毛球联合会（BWF）、国际冰球联合会（HHF）、国际举重联合会（IWF)、国际柔道联合会（IJF）等体育单项联合会都在网上设有专题讨论。如要获取该专题领域信息，只需按照网址即可进入检索查询。另外，一些单项运动训练和体育管理、体育新闻、体育咨询、运动营养科学、运动器材设施研制、兴奋剂检测等也都有专题，几乎涉及全部体育领域，给体育科技工作者提供了丰富的研究内容和大量的有科研价值的体育信息。体育科研学术论文亦可在网上发表，并在国际上寻找同行的科研合作，给体育科研创造了优越的科研环境。

（四）资料查询和检索

该网设有计算机联机图书馆中心（OCLC),存储了所有入网国家和地区图书馆和科研机构的文献资料，包括几十万张光盘和几亿张目录卡片上的信息。在网上可获得 OCLC 的信息服务。从体育文献到世界体育科学大会论文专集都可查询，还可获得文件拷贝服务。体育期刊是刊登体育科学学术论文的重要媒体，在网上通过 Uncover 可阅读 400 多种体育期刊，并有 17 000 多种科技期刊提供各类科技信息和服务咨询，实现了科技和体育信息资源全球共享。

（五）WWW 和超文本服务

WWW 是万维网（World Wide Web）的简称，即环球信息网。它是国际互联网络提供的信息服务，是在 Internet 网上方便用户进入和使用网络的应用方式。它使用的两种数据交换模式即"超文本传输协议（HTTP）"和"超文本标记语言（HIML）"，实现了在文件中的自由跳跃查阅，省去了先退出再进入文件的烦琐程序。环球信息网提供的信息分别按信息内容分类建立主页（home page），是通过 WWW 可以访问的信息网页。需要查找的信息在网上有专门的网页浏览器（web browser)，还有资源地址标识 URL，网页查询代理网址为 Http：//www netmind com，方便用户查询。①

---

① 刘倩倩 . 信息技术与体育教育专业本科课程整合的应用现状研究 [D].北京：北京体育大学，2007.

第二节 互联网在高校体育教学中的优势

一、"互联网 +"下高校体育时代机遇

"互联网 +"是创新 2.0 下的互联网发展的新业态，是知识社会创新 2.0 推动下的互联网形态演进及其催生的经济社会发展新形态。"互联网 +"是互联网思维的进一步实践成果，推动经济形态不断地发生演变，从而带动社会经济实体的生命力，为改革、创新、发展提供广阔的网络平台。

2015 年 3 月，全国人大代表马化腾提交了《关于以"互联网 +"为驱动，推进我国经济社会创新发展的建议》的议案，表达了对经济社会创新的建议和看法。他呼吁，我们需要持续以"互联网 +"为驱动，鼓励产业创新、促进跨界融合、惠及社会民生，推动我国经济和社会的创新发展。马化腾表示，"互联网 +"是指利用互联网的平台、信息通信技术把互联网和包括传统行业在内的各行各业结合起来，从而在新领域创造一种新生态。他希望这种生态战略能够被国家采纳，成为国家战略。

2015 年 3 月 5 日，在十二届全国人大三次会议上，李克强总理在政府工作报告中首次提出"互联网 +"行动计划。"制订'互联网 +'行动计划，推动移动互联网、云计算、大数据、物联网等与现代制造业结合，促进电子商务、工业互联网和互联网金融 (ITFIN) 健康发展，引导互联网企业拓展国际市场。"

2015 年 7 月 4 日，李克强总理签批，国务院印发《国务院关于积极推进"互联网 +"行动的指导意见》(以下简称《意见》)。《意见》指出："积极发挥我国互联网已经形成的比较优势，把握机遇，增强信心，加快推进'互联网 +'发展，有利于重塑创新体系、激发创新活力、培育新兴业态和创新公共服务模式，对打造大众创业、万众创新和增加公共产品、公共服务'双引擎'，主动适应和引领经济发展新常态，形成经济发展新动能，实现中国经济提质增效升级具有重要意义。"

《意见》指出："'互联网 +'是把互联网的创新成果与经济社会各领域深度融合，推动技术进步、效率提升和组织变革，提升实体经济创新力和生产力，形成更广泛的以互联网为基础设施和创新要素的经济社会发展新形态。在全球新一轮科技革命和产业变革中，互联网与各领域的融合发展具有广阔前景和无限潜力，已成为不可阻挡的时代潮流，正对各国经济社会发展产生着战略性和

全局性的影响。"

为此，《意见》提出我国"互联网＋"行动总体目标是："到 2018 年，互联网与经济社会各领域的融合发展进一步深化，基于互联网的新业态成为新的经济增长动力，互联网支撑大众创业、万众创新的作用进一步增强，互联网成为提供公共服务的重要手段，网络经济与实体经济协同互动的发展格局基本形成。"

《意见》指出，推进我国"互联网＋"行动的总体思路是，"顺应世界'互联网＋'发展趋势，充分发挥我国互联网的规模优势和应用优势，推动互联网由消费领域向生产领域拓展，加速提升产业发展水平，增强各行业创新能力，构筑经济社会发展新优势和新动能。坚持改革创新和市场需求导向，突出企业的主体作用，大力拓展互联网与经济社会各领域融合的广度和深度。着力深化体制机制改革，释放发展潜力和活力；着力做优存量，推动经济提质增效和转型升级；着力做大增量，培育新兴业态，打造新的增长点；着力创新政府服务模式，夯实网络发展基础，营造安全网络环境，提升公共服务水平。"

互联网在改变着一个又一个的传统行业的产业链的同时，又创造了一个又一个新兴的市场生态圈。互联网与教育的结合同样如此。

二、互联网在高校体育教育中的作用及价值

（一）互联网在高校体育教育中的作用

1.有能力提高服务效率，提升"成本——收益"率

高校体育资本投入最大的两部分是人力资源投入和场馆建设与维护投入。其他还有部门基本办公经费和高水平运动队建设专项，以及一些较少的阳光体育专项等。

体育场馆建设是一个学校的门面，投入巨大，是公共体育投资成本的最大占比，事实上体育场馆的利用效率一直不高，从成本——收益分析的角度看，利用效率不高就意味着项目收益不佳。成本一定的情况下（大规模场馆建设已经完成）只能提高效益，具体到学校场馆资源就是提高场馆利用效益，也就意味着提高使用率和单位活动的价值，这也必然要求增加服务性支出，而基本办公经费无力提供这笔支出，同时由于学校对于体育场馆经营管理的桎梏，也无法通过经营收益来改善。既然无力支出那就只有降低支出这一条路。通过"互联网＋"可以降低这部分服务性支出金额，从而提高场馆资源的总收益。

江苏省本科院校基本体育经费最低标准为学费额的 0.8%，约 50 元，江苏省本科院校高水平运动队建设标准值 2 万元 / 每人。各学校目前大都采用江苏

省本科院校基本体育经费的最低标准。而且很多高水平运动队专项给付标准没有达标，在实际工作中还会占用到本已十分拮据的基本体育经费。"互联网+"建设可以节约人力资本投入，可以提高管理水平。总之，通过增加传统投资来增加收益的道路不可行，而通过结构调整，利用"互联网+"的优势是提高公共体育成本收益的唯一选择。

"互联网+体育"能充分发挥互联网的高效、便捷优势，提高体育资源利用效率，降低服务消费成本，从而综合提升学校公共体育投入的成本收益比。

2. 有能力提升课程质量

从政府的角度讲，根据教育部关于印发《教育信息化十年发展规划（2011—2020年）》的通知，笔者认为：以教育信息化带动教育现代化，是我国教育事业发展的战略选择；信息技术对教育发展具有革命性影响，必须予以高度重视；力争到2020年实现全面融合、部分创新的阶段性发展目标。从学校学生的角度讲以慕课、可汗学院等为代表的网络课程正极大地拓展着课程的边界，各级各类学校也都在加强网络教学的建设，网络课程可以极大地丰富学生获取知识的途径，特别是对体育理论知识的获取更为丰富，理论知识与实践知识的结合必将大大提高课程质量，改善体育教学长期存在的"重实践、轻理论"现象，让学生更深刻地感受到体育教育的"人文性"价值。"互联网+"理念于传统教学中，推动传统体育课堂教学的开放与创新，实现知识的互联与共享，优质教育资源通过网络平台，公平地传递给每一个学生，实现学生自主学习、自我发展的愿望，进而提高学生自我管理能力，提高体育教育的育人效果。

3. 有能力提升学生体质健康水平

缺乏运动已成为健康一号杀手，高校体育作为学校体育的收官之战，应该加深学生对运动与健康相关专业知识的理解，运用"互联网+"技术避免"蜻蜓点水"与"低级重复"，也是体育作为终身教育的手段之一。通过"互联网+"可以更深入地讲解与运动相关的知识，如心血管耐力与心血管疾病的相关性，关节活动度、肌力与慢性疼痛的相关性，体成分不合理与癌症和代谢性疾病的相关性，加深学生对"缺乏运动会导致或加重某些疾病的发生与发展"的认识，尤其是帮助那些缺乏运动的学生，掌握运动相关科学知识，为自己量身打造适合自己的"个性化运动处方"，进而培养学生自主运动，终身体育的生活方式。这些目标依靠传统体育课程，依靠增加传统投入都无法解决。

4. 有能力提高课余体育发展

互联网，特别是通过手机访问互联网，已经成为大学生生活中的极其重要的组成部分。在课堂之上，就有不少学生偷偷地玩手机，下课之后，更是抱着手机不肯撒手，真正实现了"从睁眼到闭眼"的陪伴，体现出了对手机的强烈的依赖。不夸张地说，手机上网，已经成为如今的大学生群体中，最重要、最常见的课余活动，其占据的时间比例，远远超过了课余的体育锻炼。

同时，手机在大学生的社交之中，扮演了非常重要的角色。众所周知，"朋友圈"已经是很多手机用户展示自己、进行泛化社交的重要窗口，对于青年学生而言更是如此。他们乐于通过手机进行"线上社交"，其重要程度甚至超过了日常生活中真实接触的"线下社交"，对在校学生的情绪、动机、心智影响都非常明显。学校在对学生学习特点进行深入了解后，尝试结合"互联网＋"的思路，搜索了一些开展课余体育的方法：首先，我校的院、团委、学工系统都有自己的微信公众号，在学生中有了一定影响力。同时，学工系统、团委系统及下属的各个学生社团，本身就具有对学生的组织和引导作用，作为体育教师，并不需要架屋迭床地另外再创建一个体系，只需要运用好这些平台即可。比如，定期推出"运动之星"栏目，图文并茂地介绍那些在课外体育活动中表现优秀的学生，对于他们是一种极大的精神鼓励。其次，结合青年人热衷网络社交、发朋友圈的特点，主动协助、引导他们把课余体育运动与发朋友圈"打卡"相结合。比如，鼓励学生在跑步之后，对跑步软件记录的轨迹截图，并在微信群里发布；一个月内跑步里程超过 40km、80km、100km 的同学，由学校体育社团颁发电子版的"毅力证书"，便于学生在网络社交中使用，起到正向激励的作用。更重要的是，由学校体育部定期组织体育教师，通过线上直播、短图文、小视频等形式，利用碎片化的时间，对学生的运动进行指导，纠正学生运动中的一些不规范动作。这样，不仅提高了个体的运动表现，更能让学生建立对运动的认同感和对学校的归属感，效益良好。

5. 有能力提升校园体育文化建设

校园体育文化建设与发展依然是我国高校体育工作的一个重要方面，要解决这一问题需要新技术手段——互联网的介入，在互联网的平台下实现学校各部门的协同配合，形成常态化管理，要积极克服其在新时期所面临的困难与挑战，找出问题的根源所在，提出应对性方案，并以全新的视角与理念来审视当前大学生日益增长的校园体育文化需求，促使我国高校校园体育文化朝着"定位准确、内容丰富、形式多样、国际化"的方向发展，使其在全面提高大学生体质健康水平、培养学生体育新理念与构建和谐高校校园的过程中发挥更加务实的作用。

对于常规化且相对匮乏的校园体育文化活动内容及形式，学生已觉乏味。高校校园体育文化活动内容及形式的拓展与创新势在必行。如可考虑将国内某综艺节目的大型真人版游戏——"撕名牌"引入大学校园并将其列入大学生体育文化节目录。此活动既具趣味性、挑战性，又能使学生跑动起来，深受学生欢迎。与此同时，诸如"徒步""跑酷运动""彩虹跑""欢乐跑""吉祥跑""户外拓展"等活动内容及形式也可以走进校园。作为"阳光体育运动"的重要组成部分，这些时下流行的体育文化元素可以让学生耳目一新，又能激发学生主动参与的热情，对于高校校园体育文化的繁荣以及学生体质健康水平的提高大有裨益。

（二）互联网在高校体育教育中的价值

1.提高体育教学的直观性

高校体育专业课程是一门以实践为主的课程，但体育专业课的理论性也很强。特别是一些竞技性很强的课程，如篮球、足球、跳远等都是常见且理论性很强的课程。例如，球队球员一般要求每天都要练习打球，但不是只依靠练球就能取得好成绩，一个球队能否取得好成绩，除了依靠球员的能力以外，还与技战术有关。技战术通常是竞技性体育项目决胜的一大重要的因素。但是，面对的对手不同，需要应对的技战术就不同，一劳永逸的技战术是不存在的。对于一个体育教师来说，如果要想自己所带的校球队在赛事中取胜，就需要让球员学会分析对手的技战术，然后选择应对的技战术。了解对手一般是通过搜集对手的资料，对其技战术进行分析，从而制定相应的应对战术。传统的分析都是带队的体育教师做的，球员只需要听取带队教师的分析就可以。而利用数字化资源，球队可以将与对手的比赛拍成视频材料，教师只需将对手的视频材料每人发一份，告诉每个队员如何去分析对手、观察对手的技战术，每个球员都可以直观地感受到对手的技战术，从而可以建立起更为有效的对抗战术，以便更好地在与对手的角逐中获胜。同时，这样的资料还可以保存下来，形成其他球队信息资料库，让球队对其他球队采用的技战术分析得更为透彻，也更能够从技战术上打败对方。这就意味着，球队的视频资料可以共享，每个球队都可以借助一个球队拍成的视频，进行技战术分析，了解对手，从而可以有效地打败对手。

2.互动性强，激发学生兴趣

数字化的体育学习资源非常丰富，既可以是单纯的文字、图像、声音和视频等资料，也可以是综合性的资料。教师可以根据学生喜好选择学生感兴趣的教学资料，这些资料可以是学生感兴趣的格式，也可以是学生感兴趣的内容；这些体育学习资源可以是从互联网上收集的，也可以是体育教师自己制作的。通过发送这些资料给同学，形成可以相互交互体验的课件资源。这样，教师可以借助与学生的资源共享，及时与学生进行沟通，为学生进行解惑答疑。同时，学生之间也可以借助这些数字化的体育学习资源，形成学生之间的交流，从而可以将一些比较有效的经验在学生间分享，激发学生参与的兴趣，可以让学生从中学习到更多的知识。

3.提高体育专业教学的有效性

传统的体育课堂上，每上一节体育课，体育教师需要就所要学习的动作和学习内容，不厌其烦地进行讲解和说明，对一个动作示范了又示范，希望学生能够认真抓住动作要领，准确地将动作的美传递出来。如果体育教师动作讲解不到位，或者学生在课堂上没有抓住要领，而体育教师也没有发现的话，就会造成部分学生没能掌握要领，做出的动作不仅难看，韵律感还不强。还有的体育教师自己对某些动作都没有掌握到位，给学生做出了错误的示范，就会造成全体学生对某个动作形成错误的表象，影响体育课教学效果。因此，从传统体育课的角度来看，体育老师一旦出错，就会造成一错俱错的局面。体育教师任何一个环节没有注意到，都可能造成学生对动作理解不到位，影响动作的准确表现。而借助数字化体育学习资源，教师可以通过视频观察自身在动作方面的缺陷，及时予以改正，尽可能避免不准确动作在课件中出现；学生可以通过动作定格将某个动作要领掌握准确，还可以通过认真分析达到举一反三的目的。学生的学习经验还可以通过数据共享在同学中传播，帮助其他同学学习，有利于提高体育教学效率。

4.提高学生自主学习的能力

学生通过自己的移动终端设备学习体育，带有很大的自主性和灵活性。只要有网络的地方，随时随地就可以学习，学生利用碎片化的时间学习体育课程，提高学生单独学习的能力，锻炼学生自主学习的能力，增强学生对体育专业学习的主动性。

三、高校体育教学中互联网技术的优势

随着科技的不断发展，互联网已经成为现代社会中不可缺少的重要组成部分，它正在不断地改变着人们的方方面面。互联网技术就是指"运用计算机技术，把文本、图形、静态图像、动画、声音和动态视频等进行集成处理，并对它们进行获取、压缩编码、编辑、加工处理、储存和展示"。它具有集成性、控制性、交互性和实时性的特点，因此被广泛地应用于教学之中。当然，体育教学也不例外，必须与互联网技术相结合才能实现真正的教学改革。目前，在体育教学中引入计算机辅助教学、各种自动化软件和网络交流工具，提升了课堂教学教书育人的效果，但还存在很多需要完善的地方。要实现体育教育的现代化，需要领导和体育教师同时重视互联网先进技术的应用，并敢于在互联网

技术与体育教学的结合上创新。互联网教学以其鲜明的教学特点、丰富的教学内容、生动的教学情境，在体育教学中得到了广泛的应用。在提高学习兴趣，突破教学重、难点，建立清晰的动作表象，克服教师自身缺陷，丰富学生体育保健与常识方面起到传统体育教学不可替代的作用，达到事半功倍的效果，突破了时间与空间的限制，大大开阔了学生的知识领域和视野，不断激发学生的创新思维。随着素质教育的不断深入，现代化教育技术以较快的速度进入课堂教学，特别是互联网教学的合理应用，使课堂效率明显提高。互联网技术在体育教学中的作用，具体表现在以下几个方面。

（一）增强体育教学的直观性、趣味性

通过多媒体集文字、图像、动画、视频、声音为一体的强大功能，改变传统的教学情景，增强体育教学的科学性、直观性、趣味性，使学生能够尝试解决问题的新途径，对学生的心理产生积极的影响，满足他们的求知欲，激发他们的学习兴趣。例如，球类战术配合教学时，学生在配合教师进行战术示范时花费许多时间也达不到预期的教学效果。运用多媒体游戏软件进行辅助教学，如采用"NBA"中文版篮球游戏软件，此篮球多媒体游戏光盘，可在竞赛规则允许的条件下随意设置比赛环境，凸显个性，可以毫不费力地将基本战术配合表现出来。伴随着有声有色的动画场面和软件强大的"3D"比赛录像功能，学生表现出极高的兴致。课外活动时，学生可以模仿练习，在球类比赛实战中，也能够做出精彩的战术配合，使学生有成就感，大大提高了他们的学习兴趣。

（二）提高学生的理解能力和创新能力

学习是一个认识过程，而理解是学生掌握知识的重要阶段。综合运用互联网教学手段，创设情景，把体育教学中的教学内容形象化、具体化，变动为静，变快为慢，突出重点和难点，有利于学生正确理解比较复杂的、抽象的技战术要领。例如，在跳高、跳远、投掷教学中，由于示范动作瞬间完成，学生看不清动作的全过程，如果利用室内课时间，将助跑、起跳、腾空、落地整个技术环节的全过程用多媒体手段演示出来，就能加深他们对动作要领的理解，增强学生的理性认识，并通过问题的研究和知识的创新，充分发挥他们的创造力。

（三）克服教师自身的缺陷

教师的个人喜好、特长、性别、年龄等因素直接影响着体育课的教学，运用多媒体有利于更好、更全面地进行体育教学，提高教学效果。在实际教学过程中，教师本身并非全能。例如，有些教师特长是篮球专业，因身体条件因素教授单杠、双杠等体操动作就难以完成；又如女教师柔韧性好一些，传授一些技巧动作、舞蹈动作就较好，而男教师力量性好，对球类比较喜欢，动作技术也较好；而随着教师年龄的增长，有些年轻时能做好的动作（像背越式跳高），年龄一大就做不好或做不了。教学中充分利用互联网课件，克服教师在示范动作时的不足，更重要的是多媒体课件能够把教师做不好或做不清的动作环节表达清楚。这样一来教师在制订教学计划时，就会从全面发展学生各项素质的角度出发，而不受自身因素的影响。同时，制作课件的过程加深了教师对各项技术的理解和认识，提高自身的知识水平和讲解技术要领的能力，更重要的是解决了传统教学中解决不了的难题。

（四）突出教学重点、突破教学难点

互联网是应用计算机多媒体技术，以其鲜明的图像、生动的画面、灵活多变的动画，以及音乐效果来优化教学过程的一种新型教学辅助手段。运用与教学内容紧密相连的成品课件或教师根据教学需要自己设计制作的课件来解决教学中的重、难点问题易如反掌。有关研究表明，人们从语言获得的知识能够记忆15%，而利用视觉加听觉获得的知识可接受65%。在以往体育与健康知识的教学中，抽象的知识往往以语言描述为主，即使使用一些挂图、模型等直观手段也显得较为呆板。比如，多媒体课件利用二维、三维等空间的设计，全方位地剖析难点，化难为易，加快了学习速度，提高了学习的效率；又如，在教"投掷铅球"这个动作时，其教学难点在于最后出手动作，如果由教师和学生来实地示范，同学们很难体会到如何最后用力，技术动作也不容易被学生理解，但用多媒体课件就完全不同了，清晰的画面可以是连贯动作，也可以是分解动作，还可以把速率放慢，学生看后一下子就明白了最后出手动作应如何来做。

（五）有助于体育课堂教学方法的创新

体育教学的重要教学任务在于使学生通过掌握一定的运动技巧后，自己可以灵活地运用并加以创新，提高身体素质。在每次上课前，教师要求每个学生都要做好相关的预习，并提示哪些是重、难点，强调强化练习。通过多种平台方式对比，教师大多选择用QQ语音网络的方式去讲课，考虑如果学生网络条件不好，QQ语音也会留下教师上课的痕迹，学生可重复听，做到教学信息不断流。为了提高课堂效率，教师还可以课前要求学生录制好复习动作视频，通过云班课举手和随机选人形式要求学生进行视频展示，并组织学生进行讨论，最后教师进行点评和纠错，并在云班课平台给予学生经验值。这样一举几得，不仅节省了线上教学的时间，让课堂更加紧凑，还提高了学生的自学能力，更帮助学生答疑，起到了很好的教学效果。

（六）网红视频的引入创新了体育教学手段

为了提高课堂氛围，加强师生互动，教师可在课堂上将抖音中运动达人的视频素材和网红流行音乐融入课堂，激发学生的学习兴趣，使学生有一种赏心悦目的精神享受，使学生产生自己积极参与的强烈愿望，提高学生参与度。

课堂上在重点讲授内容和知识点时，采用当下流行的线上教育互动模式让学生快速回应"666"等，以确保学生在线率和参与度，同时采用边讲解边测试的方法，讲解完一个知识点，就让学生在云班课回答问题或是进行动作展示，并对问题和展示动作进行讲解，增强师生之间的互动交流，提高学生对体育理论和技能知识的兴趣和欲望，以确保学生课堂学习效果。

四、互联网在高校体育教育中的发展趋势

（一）教育资源展示的准确性与访问的便捷性

《教育信息化"十三五"规划》要求信息技术与教学的融合要在"用户体验"上下功夫，这是用户思维的体现，而用户体验的基础就是数字化教育资源这一产品的质量。要使大学生在资源繁多的互联网上拒绝其他诱惑而专注于使用高校体育数字化教育资源，在进行资源建设时既要遵循用户思维，还应遵循"看起来简洁，用起来简化"的简约思维。因此，在资源共享平台的选择上，可选取支持多终端访问的泛在学习应用，如 QQ 空间、微信公众平台和微博，或专业的网络教学平台如超星尔雅、学堂在线等，尤其要考虑移动端的使用效果。在资源展示上，主页导航设计既要对资源进行准确分类，又要重点突出大学生需求最为强烈的运动技能学练、体育健身中较为关注的修塑形体和健康知识等内容，并凝练出体育知识技能关系图谱及学练使用指南，使他们能快速找到并学习自己感兴趣的知识技能点，有条件的还可以设置关键词搜索和热点推荐，方便访问的同时尽力提升他们的使用体验。

（二）教育资源内容组织的主题化与模块化

将高校体育资源进行数字化建设与改造，并非简单粗暴地将纸质或模拟教学素材转换为数字化素材，也并非不加考虑地将各类数字化教育资源全部上线，而是需要认真思考大学生体育课程学习和高校体育教师实体课堂教学的"刚性需求"，在资源内容选择制作方面进行精心设计，以体现用户思维、简约思维与极致思维。最好能模拟实体课堂上单个技术动作学练的全过程，并将相关数字化教育资源根据主题化和模块化的原则组织与呈现，还应充分考虑大学生在学练中可能衍生出的不同个性化需求并提供相关拓展资料，真正赋予这

些数字化体育资源以生命，从而为大学生提供更好的线上线下一体的体育学习体验。

（三）教育资源呈现形式的富媒体化与可视化

优质的高校体育数字化教育资源，在精心设计与组织之余，需要合理地选择并运用恰当的媒体呈现形式以激发学习者的使用兴趣。在媒体呈现形式选择上，要体现极致思维，既不应拘泥于某一种或几种素材类型，也不能一味地堆砌花哨的效果，一切应以更准确地表达与展示资源内容、更贴合高校体育信息化教学需求为准。例如，对某体育运动项目比赛的主要流程这一知识点，可采用比赛实况剪辑配合旁白与字幕的形式进行，视频末尾还可以可视化形式进行总结，以帮助大学生进行记忆；对某一体育运动技术动作的细节与难点，则可通过近距离、多角度画面和放慢速度的视频形式呈现，同时对关键要点以文本形式嵌入，帮助大学生直观形象地理解并掌握技术动作要点；此外，考虑到移动端使用或碎片化场景下不便于观看视频的可能性，最好在视频页面下配合呈现相应的图文教程，从而实现高校体育数字化教育资源呈现的富媒体化与可视化。

（四）教育资源更新的及时化与反馈渠道的多样化

将高校体育数字化教育资源制作上线后并非一劳永逸，对公认的以及较少有争议的体育运动项目基本技术教程资源可较少改动，但应根据学习者的具体情况适当增加练习方法及练习注意事项等素材。以往只存在于高校体育实体课堂中的课堂小结，可以用富媒体化的形式呈现并上传至资源共享平台，对用户在资源使用过程中遇到的问题，可以其为依据对现有数字化教育资源进行再改造与更新，还可根据最新的体育科研成果及发展趋势，实时更新学练方法和健身注意事项等知识，不断充实资源库。总之，要遵循迭代思维对高校体育数字化教育资源这一产品进行迭代开发，保持动态更新，凸显"应用驱动"，体现"用户体验至上"。

（五）教育资源覆盖的全面化与影响的最大化

高校体育数字化教育资源具有普适性特点，可适用于任何群体，但其常用的共享平台多以专业网络教学平台或专门的课程网站为主，覆盖面较窄、影响力不足。因此，可考虑遵循社会化思维和流量思维，在利用现有数字化教育资源进行线上线下一体的混合式教学之余，将最能反映高校体育教学内容的视频类素材通过使用人数多、覆盖面广的公共视频网站进行传播与分享，扩大资源的影响范围，真正实现资源价值的最大化。例如，目前在移动端居在线视频

App 排行榜前三名的爱奇艺、腾讯视频和优酷视频，不仅提供了免费上传视频和设置视频访问权限的功能，而且提供了多样的分享形式以便浏览者将视频资源分享至各大主流社交平台，在这类大型视频网站上，体育运动技术教程类视频的访问量以十万甚至百万为单位计数，远高于 MOOC 平台和国家精品课程资源网上的资源访问量。

人们通过互联网随时随地发生学习行为的终身学习时代已经来临，其突破了时间和空间对学习的限制。在国家大力推进教育信息化的背景下，高校体育课程只有跟随信息技术手段的更新不断建设并提供优质的数字化教育资源，才能不被学习者抛弃，并真正发挥其促进教育教学质量提升的作用。并且通过运用用户思维、简约思维、极致思维、社会化思维和迭代思维等对高校体育数字化教育资源进行改造与优化，可实现资源展示的准确性与访问的便捷性、资源内容选择组织的主题化与模块化、资源呈现形式的富媒体化与可视化、资源更新的及时化与效果反馈渠道的多样化，以及资源覆盖的全面化与影响的最大化，充分体现用户体验至上，提升我国高校体育优质数字化教育资源建设的应用效果。

第三节　互联网对高校体育教育模式的影响

网络以惊人的速度改变着人们的工作、学习和交往方式，传统的以课堂、课本、教师为中心的教学模式将无法适应未来社会对人才发展的需要。而当以计算机网络为核心的现代体育教育技术像使用教材、图书一样方便时，教师和学生的教与学活动也将会发生前所未有的变化和影响。

一、互联网对高校体育教育者提出新要求

（一）教师自身综合素质和核心素养的提升

首先，教师要加强自身发展意识，以自己的心智去感知他人。"互联网＋教育"催生了一大批优质网络教育资源的自由共享，如慕课、微课等。但是这些网络教育无法代替一线教师的人文关怀和人才培养的灵魂导向作用。因此，高校教师始终要坚持身体、心智和心灵三个方面的发展。同时，教师应该有较强的信息化教学能力，主要体现在网络公开课、慕课、翻转课堂等教学模式上。在信息爆炸的网络时代，教师不能仅仅依靠体育理论来获取知识，还应该熟练地掌握基本的计算机网络技术和信息处理技术，利用互联网高效系统地收集整理体育课堂所需知识，及时更新知识体系，努力提高自身的知识储备与教学能

力。其次，教师要加强组织课堂、发展课堂的能力。与传统的教学相比，有互联网参与的课堂时间利用效率更高，翻转课堂、慕课、微课等多种形式进入课堂，教师原本需要很长时间来解释的重点、难点内容，通过利用和展示互联网资源便可一目了然。因此，"互联网＋"改变了课堂的人际关系和时空结构。然而，互联网只是教师课堂改革的一种手段，不能完全替代传统的教学模式。互联网参与课堂，更多的是利用互联网的自身优势来改善课堂教育的局限性。因此，教师要善于利用互联网更加高效地组织和管理课堂，同时将课堂的物理空间通过互联网加以延伸，发展出更多维度的教学体验。最后，教师要提升自身的科研创新能力，超出课本，从学科的高度进行教学，提升课堂的吸引力。科技成果推动理论发展毋庸置疑，在"互联网＋"时代，科学研究变得更加透明，科技成果的传播更加迅速。

（二）教学方式方法的变革

在"互联网＋"时代，以学习者为中心的教学模式将实现多层次、多维度的转变。教学的组织形式由单一化（班级授课制）走向多元化（分散化、数字化、网络化、远程化），教学方式由以教师讲授为主走向个性化教育，课程资源由原来的线下封闭式走向线上开放式，网络教育资源随处可见，学习方式由单一化（课堂）走向多样化、自由化，教师也由课堂的控制者变成了学习的促进者，教学制度则由学校的管理化走向网络的服务化。这些转变都导致学校和教师必须进行一系列的教育教学改革，与时俱进，采用新的教学管理方法与手段，否则将被时代所淘汰。随着"互联网＋"在教育中的不断渗透，云平台、移动学习、慕课、翻转课堂、微课、教育大数据、学习分析、智慧教育、创客等一些新的教育信息化手段与教学方法不断涌现。

（三）促成终身教育和学习理念的转变

"互联网＋"的出现推动了教育文化的传播，借助信息的流通、传递和存储，互联网加速了教育事业的发展和改革，给人们创造了巨大的精神和物质财富。教育事业的巨大进步离不开互联网的功劳。体育教育是教育事业中的一部分，也是教育事业中不可缺少的一部分，它在信息化的潮流中发生着剧烈的变化，体育教育中的课程内容、课程展现形式、课程教学等都在由内而外地发生变化。

终身教育主要强调了两点：一是人的一生所受到的教育；二是各种类型的教育。学习的目的是进步，不断学习才能不断进步，这与"终身教育"的目标一致，因此人们不断进步的基础需求就是不断地进行终身教育（学习），这一观念早已得到推广和普及，并为许多教育学者所推崇。"互联网+"时代的出现，不仅表现在信息数据流量的增加，还为信息数据提供了更多的传播方式，为信息数据提供了更多的数据源，为信息数据提供了更丰富的展现形式，也为信息数据提供了更多的传播载体，为信息数据的存储提供了更多的硬件和软件终端。因此，它将为教育事业的发展提供更多的便利。体育教育作为教育事业的一个重要分支，同样会获取便利，加速发展。

正是由于"互联网+"提供的诸多便利，体育教师和学生不再以传统的教育者和学习者进行划分，也就是说不再以"体育教师"即"教育者"，"学生"即"学习者"来进行明确划分。体育教师和学生都将同时担当"教育者"和"学习者"的角色。可以这样理解：①体育教师转变传统"教育者"的专属神圣的"主动传道型"地位，变换自身角色，成为学生学习过程中的"指导者""引导者""倾诉者"和"辅导者"；②学生转变传统的"学习者"的专属"被动接受型"地位，变换自身角色，成为能和教师进行讨论的"交流对象""倾诉对象"和"指导对象"。体育教师和学生两者角色地位的相互转换，让体育教师和学生之间也能够相互学习，相互讨论，相互进步，相互指导，最终转变传统的学习理念，加速体育教育事业的发展。

二、互联网使体育学习模式不断革新

"互联网+"概念从出现到普及，逐步发生着天翻地覆的变化，改变了人们传统的生活、学习和工作模式。

人们从传统单一的"接受型"学习模式，转变成具有个别化的、个性化的"选择型"学习模式，使人们有更多的选择权去选择自己所要学习的课程内容，更多的选择权去选择自己参与学习的时间段，更多的选择权去选择自己学习课程的课程形式，甚至拥有了选择权去选择自己所喜爱的授课教师。受传统教育的影响，体育课程教学安排的课时和最终考核占比都会相对较低，但是对于信息化新时代的发展，体育课程已经逐步取得了重要的地位，尤其是高校的体育专业教育。传统的教育理念——"教育即学校，学校即课堂"，已经不再适用于信息化时代的体育教育。[①]信息化时代的体育教育课程地点不再局限于课堂，课程授课形式不再局限于教师的"传道""授业""解惑"，课程授课内容不再局限于以"书本"或者"教材"为中心的教学，而是可以通过互联网技术实现线

---

① 丁广大，刘新玉，石磊，等.浅谈"互联网+"时代教育的新特征和对教师的新要求[J].教育教学论坛，2020(20)：50-51.

上线下的远程教学，也可以通过互联网技术进行天气预测，实现不同天气环境下体育课程内容的授课工作，也可以通过互联网技术进行学生体育课程数据的实时搜集、整理和分析，同样可以利用互联网技术及时变换、更改、调整课程内容，并通过不同的课程形式进行呈现，从而使现代化体育教学变得具有个别化、个性化。

因此，通过互联网技术提供的各种便利，不仅减轻了体育教师的教学任务，还为学生提供了形式多样、生动有趣、定制化的多种课程，让他们的学习更加具有激情，转变学生成为课程中的"主导者"，让学生的学习模式发生改变，形成自导型学习模式，让学生能够通过互联网的便利选择适合自己的体育课程，或者通过互联网与体育教师进行实时沟通和互动，获得教师的实时指导，或者借助互联网合理规划自己的课程学习时间，让学生拥有更多的学习主动性，并塑造他们的自我成就感和归属感。

三、重塑体育教师的角色

在"互联网＋"背景下进行的高校体育教学改革对高校体育教育的目标有着巨大的冲击，并促使之不断进行调整，开发新的课程内容，设计新的课程展现形式，实施新的教学方案。这些都给高校体育教师带来了相当大的挑战，为体育教师的工作"布置"了新的教学任务，教学不再是传统、简单的"开始上课—传授课程—结束课程"这个循环模式，而需要体育教师重视自己的授课内容，对自身所教授课程的内容进行熟悉的同时，能够通过创设不同的场景，针对不同的教学对象进行不同形式的教学内容的呈现。这些都需要体育教师借助互联网来规划和调整自身的教学。

随着"互联网＋"背景的出现和普及，体育教师已经不再是常规体育理论知识的传播者，不再是教学过程中的主导和核心，而是体育教学工作的组织者、参与者和辅导者。组织学生能够在体育课程中通过不同形式的课程互动来掌握体育技能和处理各种突发状况；参与学生所喜爱的体育课程活动，与学生互动，了解不同年龄、不同年级、不同性别、不同性格的学生对体育课程中教学内容的掌握程度和喜爱程度，并实时进行调整；辅导学生在新型体育课程中遇到的难题，引导他们掌握正确的体育技能。总之，"互联网＋"背景下的高校体育教师具有重要的工作使命，他们不再是传统体育课程中的以"书本教学为中心"的传授者、主导者，而是能够给予学生想象的空间，让学生自由发挥的组织者、参与者和辅导者。

"互联网＋"让信息技术更加成熟，也使体育教师从"繁重的""重复的"

教学工作中"解脱"出来，不再将自己的目光聚焦在简单的教学安排和学生考勤等工作上。这使他们拥有更多的时间和精力，借助信息化管理手段去研究和参与学生的学习进度，去接触更多、更新、更广的体育教学内容。

因此，在信息时代，高校体育发生着巨大的变化，身处其中的体育工作者应时刻跟随时代的变化，与时俱进，调整各自的角色和职能，以适应这个数据爆炸的时代。

四、拓展高校体育教育空间

互联网时代的到来，不仅使网络技术得到飞速发展，还为教育提供了诸多的便利，使教育事业突飞猛进。互联网打破了传统的高校局限，为高校提供了新型的教学形式、多样的教学内容。互联网拓展了传统高校体育教学的时间和空间，使体育教学的时间更加自由，空间更加多样化。例如，有了互联网的普及，体育教师和学生可以合理安排各自的教学时间和学习时间，还可借助互联网进行远距离教学和学习，不需要拘束于统一的课程时间和课程地点，从而使"无形的教师"和"无形的学生"在自由的时间和空间进行"教学"和"学习"，节省了时间，提高了学习和教学效率，实现了互利双赢。同时，借助互联网建立起来的"虚拟学校"，能够让受时间、地点和环境限制的学生实时地获取学校的最新课程内容和课程动态。由此，体育教师可以卸下重复工作的重担，用节省的这些精力为学生创造更多的学习机会，提供更新的学习内容，做更多的科研工作。学生也可以从诸多的课程学习形式中激发自我的学习兴趣，自主选择自己所喜爱的或者需要的课程学习内容，从而更加高效、自主地获取知识。

因此，体育教师和学生在体育教育工作中所做的转变为高校拓展了发展空间。

第四章　高校体育教学模式的科学探究与创新发展

第一节　体育教学模式概述

一、体育教学模式概念界定

当前，体育教学研究领域对体育教学模式的理解是多种多样的。樊临虎认为："体育教学模式是指在一定的教学思想或理论指导下，为设计和组织体育教学而在实践中建立起来的各种类型体育教学活动的范例，它以简化的形式稳定地表现出来。"赵立认为："体现某种教学思想的或规律和原理的教学单元或教学课的程序，它包括相对稳定的教学群体、独特的教学过程结构和相应的教学方法体系。"刘瑞平认为："体育教学模式是指按着一定的体育教学原理和体育教学指导思想而设计的具有相应结构和功能的教学活动的模式系统工程。它是由体育教学指导思想（或教学目标）、教学组织形式、教学方法、教学内容、教学效应和相关条件六个既相对独立又彼此关联的程序工程系统组成。"王斌、周桐认为："体育教学模式是在一定的教学思想指导下，为完成规定的教学目标而形成的规范化程序，包括相对稳定的教学过程结构和教学方法的体育教学活动的操作体系。"体育教学模式是体育教学组织活动的一整套方法论体系，是在一定体育教学思想或体育教学理论指导下，为实现特定体育教学目标而设计的、相对稳定的体育教学活动程序，是联系体育教学理论和体育教学实践的纽带和桥梁，主要体现在教学单元和学时教学的设计和实施上。

二、体育教学模式的构成

体育教学模式存在于一定的空间和时间之中，在空间上表现为一定的体育教学理论和思想、体育教学目标、教师与学生在教学活动中的地位及相互关系，在时间上表现为如何安排教师教与学生学的活动。不同的教学理论、教学目标、对师生的不同安排构成了不同的体育教学模式。整体来看，体育教学模式的结构要素如下（图4-1）：

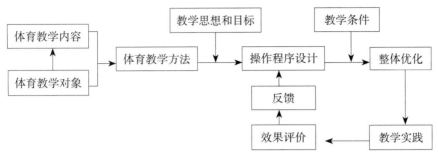

图 4-1　体育教学模式的结构要素

（一）教学思想

教学理论或教学思想是教学模式的深层构成要素，任何体育教学模式都是在一定教学思想或理论指导下提出来的，它是建立各种体育教学模式的理论基础和思想内核，也是区别不同教学模式的重要依据，反映了模式的内在特征。它在体育教学模式中是个独立的因素，又渗透在其他因素之中。例如，快乐体育教学源于我国 20 世纪 80 年代的愉快教育与日本的快乐体育，是针对学生对体育厌学的状况提出的，为适应终身体育思想而发展起来的。

（二）教学目标

教学目标指教学模式所能达到的教学结果，是教师对某项教学活动在学生身上将产生的效果所做出的预先估计。任何教学模式总是为了完成特定的教学目标而设计的，它使主题更进一步具体化，在教学模式的构成因素中居于核心地位，对其他因素有制约作用，也是教学评价的标准和尺度。例如，群体合作教学模式的教学目标是改善课堂教学的心理气氛，全面提高体育教学质量。

（三）操作程序

操作程序指体育教学在时间上展开的逻辑步骤和每个步骤的主要做法等。任何体育教学模式都具有一套独特的操作程序和步骤。由于体育教学过程中既有教材内容的展开顺序、教学方法交替运用的顺序，又有内在的复杂的心理活动顺序，一般是从不同侧面提出教学活动的基本阶段及其逻辑顺序。操作程序只能是基本的和相对稳定的，而不是僵化和一成不变的。例如，情境教学模式的操作程序是设置情境、引发运动兴趣、体验情节、运动乐趣、还原五个步骤。

（四）实现条件

实现条件指促使体育教学模式发挥效力的各种条件（教师、学生、教学内容、手段、时间、空间等）的最佳组合。策略是体育教学过程中教师和学生所采用的教学方式、方法、措施的总和。要保证模式的程序在执行时的可靠性，提出的策略必须是清晰、确切的。

（五）效果评价

效果评价主要是分析目标的实现程度。由于各个教学模式在操作程序、实现条件上的不同，因而评价的方法和标准也就不同，即每种体育教学模式一般都有适合自己特点的评价方法和标准。例如，群体合作教学模式评价因素不同于标准化的评价，它的评价标准采用的是计算个人和小组合计总分的评价方式。每一种教学模式具有自己独特的评价标准和方式，这样才能完成反馈过程，以便及时修正，提高教学模式的应用效果。

上述诸要素相互联系、相互制约，共同构成了一定的体育教学模式。至于教学模式中各要素的具体内容，则因教学模式的不同而有所差异。比如，指导思想是教学模式得以建立的价值基础，它对其他要素起着导向作用；教学目标是教学模式的核心，它制约着操作程序、师生组合、内容和条件等；操作程序是教学模型实施的环节和步骤；实现条件是保证模式的程序在执行时的可靠性；效果评价能使我们了解教学目标的达成度，并对活动过程进行反馈和监控，对操作程序和师生活动方式等进行调整或重组，以便达成教学目标。

三、体育教学模式的特点与功能

（一）高校体育教学模式的特点

随着体育教学理论研究与教学实践的发展，出现了多种多样的体育教学模式。有的着眼于师生关系，有的着眼于教学目标，有的着眼于教学方法和手段，有的着眼于教学程序，有的着眼于教学内容，有的则综合考虑了教学过程中的各种因素。由于着眼点和侧重点有所不同，每种体育教学模式都有自己特定的适用范围与条件，有些教学模式的适用范围较广，有些则只适用于较特殊的教学情景。尽管体育教学模式的种类繁多，但它们都具有一些共同的特点。

1. 整体性

教学模式应从整体上考虑教学的基本框架，既要研究教学各要素（教师、学生、教材、场地器材等）组合的内在关系，又要分析影响教学的外在因素（时间、气候等），以便综合考虑体育教学目标的确立、教材和教学策略的选择、师生活动的规范等一系列问题，进而构建基本的教学框架。

2. 理论性

体育教学模式是教学理论及其教学思想具体转化的载体，因此教学模式必有其理论内核。一定的教学理论及其教学思想又通过教学模式具体而直观地加以体现，从而使教学理论和教学实践有机地结合起来。

3.操作性

体育教学模式从长期的教学实践经验概括而来，因此与教学理论或教学思想相比，它更具有实践意义和可操作性。

4.稳定性

体育教学模式在经过长期的教学实践检验而定型后，就具有相对稳定的结构。因此，一种较成熟的教学模式，在特定的教学条件下，就有一定的稳定性。无论任何时候运用这种教学模式，其基本的程序和主要的环节都不应有大的变化，如果某种教学模式在不同人和不同的时间运用时都要产生大的变化，就说明这种模式还没有成熟。一种模式不是通过个别或偶然的描述就可以概括的，而是经过大量体育教学实践活动获得的理论概括，因此能够在不同程度上揭示体育教学活动普遍性的规律。这种理论的科学性、规律的普遍性奠定了体育教学模式稳定性的基础。

5.优效性

体育教学模式一般都是从大量体育教学活动中提炼出来的、经过优选的一种模式。体育教学模式应具有特有的效力，便于操作，有利于提高教学效率。优效性是体育教学模式的生命所在。一种教学模式如果不是优效的，就会被淘汰。

（二）高校体育教学模式的功能

体育教学模式是在一定的体育教学思想指导下，针对体育教学目标，在特定的教学环境下，实现其特定功能的有效教学结构和与之相适应的教法体系的有机组成系统，是以简化形式表达的体育教学思想和教学组织策略，是联系体育教学理论与体育教学实践的纽带和桥梁。有效运用体育教学模式，有利于改变教学理论和实际相脱离的状况。体育教学模式的功能可以概括为四个方面。

1.简化功能

体育教学活动具有特殊性和复杂性，因此需要采用图示去揭示各系统之间的次序及其作用和相互关系，使人们对事物有一个整体的印象。体育教学模式符合现代体育教学任务，既重视体育知识的学习，又注重体育技术、体育技能的学习与掌握；既着重于学生的学习目标，又着眼于教师的设计方案；既反映了教学理念，又注重具体的操作策略。因此，它具有可操作性，具有一套比较完整的结构和机制，比抽象理论更具体、简化，为体育教师提供了基本框架，也接近教学实际，易被教师理解与操作。

2.中介功能

体育教学模式是体育教学理论和体育教学实践之间的"中介"，起承上启下的作用，它既是一定的体育教学指导思想、体育教学相关理论的具体体现，又能为体育教师提供具体的操作程序和操作策略，以便开展教学活动。

3.调节功能

根据具体的教学环境条件、具体的教学指导思想而制定的体育教学模式最终要受到实践的检验，如在具体的操作过程中，某种具体的教学模式并没有达到教学目标，则应对操作过程中的各环节、各因素进行具体的分析，分析其中的利弊，找出原因，从而为下一阶段的教学程序设计与实践操作打好基础，这就是体育教学模式的调节功能。

4.预测功能

体育教学模式是建立在体育教学内在规律和逻辑关系基础上的。因此，它可以帮助人们对体育教学的进程或结果进行推断，至少可以根据其内在规律来估计各种不同效果。当一种模式建立后，可以根据其内在、本质的规律来完成推测功能。例如，快乐体育教学模式注重的是学生在愉快的情绪中学习体育，并感受体育活动的快乐，同时学会一种基本的运动技能，为终身体育打好基础。若在教学中没有达到这种预期的目标，那么就应做出相应调整；若达到了，则与事先的预测相吻合，证明理论与实践得到了统一。

四、高校体育教学模式应用实践研究

以系统论的观点看，体育教学模式应当是一个包括体育教学思想、体育教学观念、体育教学主体、体育教学客体、体育教学目标、体育教学方法等基本要素的体育教学体系。体育学科是一门交叉性很强的学科。体育教学模式在体育教学思想影响下，还应考虑教育论的规律、人体运动的规律等方面的因素，因为体育课程涵盖了丰富多彩的项目，具有较为独特的体育课程设置模式，比其他学科模式更为复杂。整体而言，体育教学模式的应用实践研究是热点，但难点在于整体上有所突破。

在诸多的体育教学模式应用实践研究中，较为成熟的模式有以下几种。快乐教学模式源于快乐教育思想，基于初步体验（活动乐趣）→挑战学习（学习乐趣）→创造改良（创造乐趣）情感规律。发现式教学模式是基于问题假设→实验性练习→验证练习→结论评价的认识规律的教育思想而形成的。从体育教学模式实践研究的现状看，一些研究结果已基本成熟，欠缺的是在系统论观点的指导下，深化认识多种体育教学模式，从而加强模式横向联系的研究。可喜的是，有学者已注重了该方向的研究并取得了一定的成果。比如，董胜利等发表的《普通高校体育教学模式改革和发展对策的研究与实践》，尽管其理论性更强，但已具备了一定的指导意义。杨丹的《关于学校体育阶段交叉型教学模式的探讨》则在应用实践研究上有所突破。

随着《中共中央国务院关于深化教育改革，全面推进素质教育的决定》中健康教育思想的明确提出，如何在全面教育、素质教育基础上构建适于"健康第一"体育教学指导思想的体育教学模式是目前体育工作者必须加强研究的课题。从健康涵盖生理、心理、社会、道德四维观分析，体育教育以生理健康为基础，创造性地进行其他三维健康教育的体育教学模式是适于体育学科的教学模式。从研究现状看，运动处方教学模式是以运动处方教学作为主要手段去完成体育教学中的主要任务，并以运动处方教学为主要方式解决众多与体质健康发展相关的问题。运动处方教学是指教师根据学生的身体素质与健康状况制定的针对性很强的教学内容与方法，是教师将因材施教与学生自学、自练、自控、自调和自评相结合的一种授课方式。通过充分发挥学生的主体作用，调动学生的主观能动性，从而实现从应试教育向素质教育的转轨，促进学生的全面发展。面对复杂的体育教学体系，不同的教学模式突出体现了体育的多目标、多功能特征，仅采用一种或几种教学模式，都无法完整落实素质教育和健康教育。① 对于运动处方教学模式而言，必须加强其在高校中的实施应用及同其他模式联系的研究，包括结合国家体育总局、教育部新颁布的《国家学生体质健康标准》的研究。

第二节　高校体育发展中所形成的教学模式

"模式"是来源于英文"model"的汉译词，是指在理论上的逻辑框架，是简化的再现现实的理论性结构。美国的乔伊斯最先将"model"一词引入教学方面，并进行了系统研究。他指出："教学模式是构成课程和作业、选择教材、提示教师活动的一种范式或计划。"教学模式并不是教学计划，计划相对比较具体，具有较强的操作性。在教学理论中引入"模式"，是用来解释在一定的教学思想下建立起来的各种不同类型的教学活动的基本框架，表现教学过程的程序性的策略体系。

---

① 刘飞 . 吉林省独立学院体育教学模式探索与创新 [D]. 长春：东北师范大学，2010.

一、自主协作教学模式

（一）自主协作体育教学模式概述

1.自主协作体育教学模式的概念

自主协作体育教学模式是一种学生自主积极学习，在学习中进行自我判断、监控、评价，教师加以指引帮助，再以协作小组为基本单位，促进学生在小组学习过程中通过发散思维、相互交流、协助等对所学知识进行构建，一起达到预定的教学目标，学生自主学习能力不断发展的学习过程。此模式是根据自主学习能力的特点，结合大学生学习的现状和社会对人才的要求设计而成的。[①]

2.自主协作体育教学模式的环节

自主协作体育教学模式主要环节包括学生分组、教师辅助、学生自主协作学习、评价总结等。主要操作程序如下：①明确目标。体育教师制定相应的教学目标，提出要求和问题。②自主学习。学生在相应的教学目标下，自主选择合适的学习方法。③协作交流。以学生活动为主，教师起组织、帮助、指导的作用，采用小组形式在全班交流学习。④总结评价。采用多元评价的方式，包括学生互评、学生自评、师生评价。评价范畴主要体现在教学目标达成情况、自主学习的能力、协作交流中的状态等方面。评价以整个小组为单位，使学生有更多的时间讨论，弥补常规教学模式中的缺陷。

3.自主协作体育教学模式的构成要素

自主协作体育教学模式构成要素如下：①协作小组。协作小组方式的不同将直接影响协作学习的效果。通常情况下，协作小组以 10 ～ 12 人为宜。②学习者。在教学过程中，体育教师将学生合理分到各协作小组。学生的分组依据主要有学习者的学习成绩、认知能力等。自主协作教学模式的合作气氛比较浓厚，容易形成良好的团队氛围，只要学生积极参与，展示自我，就能得到更多的锻炼机会，学到更多的知识与技能。③体育教师。体育教师在教学过程中起主导作用，不仅是模式的设计者，还是模式的评判员。因此，体育教师要有较高的专业素质，特别在评价过程中，要对结果进行客观公正的评价，从而使学生在自主协作体育教学模式中增强团结合作能力和意识，改善人际关系，提高人际交往能力和社会适应能力，增强学习主体地位和学习兴趣，培养"终身体

[①] 林庚.高中自主协作体育教学模式对学生自主学习能力的影响及分析[J].考试周刊，2014(2): 112.

育"的意识。④教学环境。教学环境是指体育教师应利用所有可利用的条件，为学生在学习中提供服务，主要由学习的物质环境和社会环境组成。物质环境是指在体育教学中，可利用一切可用的场地、器材进行体育教学，利用书籍、电视、网络等设施让学生对体育知识、体育技能有更为清晰的认识。社会环境是指学生在体育学习中主动与同学进行交流、合作，互相帮助等综合因素。小组间的交流协作有利于提高学生的学习效率，开发学生的思维。

4.自主协作体育教学模式的特点

（1）创造性。教师引导学生提出问题，促进学生通过思考探究与合作讨论产生集体发散思维。在自主协作体育教学模式中，小组发现问题，在思考讨论交流中，能够增加学生的见识，发散思维，找到解决问题的办法。例如，在标枪教学中，针对错误的出手角度动作，学生分组讨论发生错误的原因，可以大大提高学习效率。

（2）育人性。有效促进全体学生的全面发展。例如，在长跑教学中，小组的鼓励帮助与竞争、教师的鼓舞、对长跑技术要领的探讨交流、小组间的互相配合都能使学生克服心理障碍，培养耐力与意志力以及团结协作的精神。

（3）主体性。在教学中，教师只起指导和评价的作用，所以应改变传统教师讲解示范、学生练习的方式，通过充分挖掘每个学生的潜能，让学生自主学习，成为学习的主人。例如，在田径接力传接棒教学中，教师先引导学生主动对传接棒技术进行探索性的体验，再让学生根据对已有知识的理解，结合自己之前对传接棒技术的认识进行分组练习，如此便能更好地掌握握棒的方法和传接棒的时机。

（4）团队性。小组内学生在共同学习、分享经验的过程中应学会互助与配合，学会在小组中承担责任，养成合作与共享的品质。例如，在教学中，教师可要求小组成员一同完成任务，使学生明白分工协作、共同探讨解决问题的重要性，提升学生的集体荣誉感。例如，在100米接力全程跑教学中，小组共同讨论，根据组员的特点，确定传接棒的顺序。

（二）自主协作体育教学模式对学生的影响

1.自主协作体育教学模式对学生自我效能感的影响

自我效能感主要指的是个人能否对自己完成的行为进行推测和判断。自我效能感越强烈，完成行为的动机就会越持久。遇到困难挫折，自我效能感低的人更容易放弃，拥有较强自我效能感的人则会迎难而上，以更大的努力迎接挑战。较低的自我效能感可能让学生在教学中表现与锻炼的欲望降低，如果遭受困难，学生更易体现挫折感、失望等消极的情绪，不利于学生身心的发展。在自主协作体育教学模式中，既有自主协作，又有竞争。一般情况下，自主协作模式多以小组形式呈现，各小组之间的自主协作有利于克服困难，同时通过小组内与小组间的竞争，使学生增强积极向上的情绪和集体荣誉感。

在自主协作体育教学模式中，协作小组的学习任务不是由个人完成的，而是所有成员共同承担，每个成员都有自己的任务，分工协作才能完成任务。这种模式改变了学生在常规体育教学模式下养成的对教师的依赖性，而转向学生自主学习和小组成员间的团结协作。同时，强调小组成员都要为自己的学习负责，使学生学习的责任感增强。在自主协作体育教学模式下，既能够有效提高学生的自我意识，促进他们个性特长的发展，使他们表现出对体育学习的责任感，学会对体育学习的评价，形成一种更积极向上的态度，又能让学生的情感体验得到提高，更加主动、自信地学习，尝试和完成动作，敢于接受挑战、战胜困难，进行自我观察、自我判断和自我反应或反馈，从而表现出较高的身体自我效能感。例如，在练习中，学生意识到个人与小组其他成员之间是协作关系，有利于调动学生积极性，一旦遇到难题，可以通过小组的讨论协作，互帮互助，更好地解决问题，提高学习效率。

2. 自主协作体育教学模式对学生认知策略的影响

认知策略是学习者加工信息的一些方法和技术，其基本功能有两个：一是对信息进行有效的加工与整理；二是对信息进行分门别类的系统储存。

在自主协作体育教学模式中，教学氛围比较活跃，教师鼓励和引导学生自主学习。例如，在课的开始，组织学生进行热身操，鼓励学生自主编排，进行演示，再评价；在基本部分的练习过程中，引导他们创编练习内容和方法，等等。这样，不仅能够让学生更加正确地认识自己的兴趣、爱好、学习习惯、能力与其他学生之间自身存在的个体差异性，克服在认知方面的不足，针对不同的教学内容采用不同的适合自己的认知策略，激发学生学习的积极性，还可以和小组成员共同探讨最佳的练习方式和改进方案，制订周密的学习计划，从而不断提升自我。

3. 自主协作体育教学模式对学生考试焦虑的影响

考试焦虑是一种复杂又持续的担心、紧张或忧虑的情绪状态。在考试前后，考生会出现焦虑心态。在这种心态的支配下，考生开始怀疑自己的能力，自信心下降，自我调控能力降低，并伴随着一系列的生理和心理变化，心跳加速、出汗、食欲不振、睡眠障碍等，严重影响学生身心健康。

在自主协作体育教学模式中强调的是小组协作，淡化小组成员内的竞争，这有利于学生的学习目标定位，把学生的注意力更多地转移到掌握知识和技能，提高学习能力上来，而不是一味地为争第一而学习。小组成员间彼此比较了解，能够将自己与其他成员进行客观的比较，从而发现自己的优势和劣势，制定适合自己的学习目标，承担适合自己的学习任务，共同完成学习任务，更好地发挥自己的潜能。学生分为不同小组，小组内可以实现良好的交流和沟通，共同学习和提高。这种模式对人际关系的改善有极大的作用。从情绪上看，在合作学习的过程中，学生经常面带微笑，心情愉快。加上教师的引导，整个氛围很轻松，抑郁和焦虑的情绪得以缓解。另外，学生不是被动地接受外来信息，而是主动选择，在小组配合与帮助下，容易取得较快的进步，同时由于自己的表现好坏关系到群体的整体表现，学生的责任感大大增强，练习的紧迫感和主动性也大大提高，成绩的提升比较明显。在设置目标上，根据学生自身情况在"最近发展区"内选择，这有助于培养学生树立正确的人生观、价值观和顽强的意志。特别是当小组成员遇到自己不能解决的问题时，可以向其他的小组成员或教师求助，顺利完成学习任务。这种成功的体验能够使学生克服自卑心理，激发成就动机，为所确立的目标而刻苦努力。

4.自主协作体育教学模式对学生自我调节的影响

自我调节是指学生直观感官从不稳定到稳定的状态。自我调节的过程具体体现在学生根据不一样的行为中存在的不同评价，对自我表达进行观察的过程；为自己的行为确立某个目标，以此来判断自己的行为与标准目标间差距并引起肯定的或否定的自我评价的过程。人一生中不管受过多少训练，做过多少心理准备，总会遇到困难挫折，此时我们应该沉着冷静地应对，发现问题，自我调节，解决问题。

在自主协作体育教学模式下，体育教师多通过对教材的理解与处理，关注学生的需求，了解学生的学习情况，从学生的实际出发，给学生更多自由支配、自主思考的时间和空间，鼓励学生自主学习，充分调动学生学习的积极性，激发学生学习的兴趣，促进学生独立思考解决问题。小组成员通过不断地自我提问与相互提问、自我观察与相互观察、自我监控与相互监控、自我评价与相互评价，可以更加明确地知道什么内容已经掌握，什么内容还不明白，需要往什么方向努力，反思自己成功的经验、失败的教训，纠正不良的学习行为与习惯。学生通过不断完善自己的学习方法，对自己的学习情况进行分析，知道自己哪些知识已经掌握，哪些知识没有掌握，从而采取有效的学习策略，积极反馈，调节其学习行为和学习态度，及时地修正策略，灵活地运用学习方法，不断地促进学生自我反省，提高解决问题的能力，使自己会学、善学、乐学。例如，学生在体育教学中有时没有意识到自己的错误，体育教师可通过讲解指导或者让合作小组中的体育骨干代替教师进行示范或提供相关信息，让学生得到正确的反馈信息，并主动对错误进行分析和纠正。

二、运动处方教学模式

（一）运动处方教学模式概念

运动处方教学是指为了取得预期的教学效果，教学方法与学员的认识规律相适应，以身体锻炼为主要手段，以增进学生健康为主要目的的教学方式。运动处方教学具有以人为本、以学生为主、讲求实效等众多优点。运动处方教学既是体育教学理论体系的具体化，又是体育教学经验系统化、理性化的概括。

胡晓彦、巴特尔、崔磊在《处方教学模式在高校体育教学中的实验研究》中运用体质健康评价与运动处方系统，结合高校体育教学的特点，在河北省内八所高等院校的部分教学班进行了"处方教学模式"的实验研究。实验结果表明，处方教学模式在高校体育教学中的实施能充分体现体育教学的多样化及实际、实效、实用的特点，能够根据学生的具体实际制定科学的运动处方，进而为学生更好地进行体育运动锻炼提供必要的条件。

邓耀凯在《大学生健身运动处方教学模式的研究》中通过多种教学方法的合理使用对健身运动处方教学模式的科学性、可行性、可操作性、独创性进行分析研究。结论是运动处方教学模式能够针对学生身心发展的规律——不同年龄、不同性别的学生的身心发展有不同的特点，使他们在德、智、体诸方面得到全面发展，最大限度地补偿其缺陷，建立一种有利于学生个性发展和终身体育的体育教学模式，是一种深受学生欢迎的、科学的体育教学模式。

倪向利在《运动处方研究进展》一文中对运动处方的国内外研究现状与发展趋势、我国运动处方研究面临的问题进行了深入的探讨。他指出，同国外运动处方的研究相比，我国运动处方仍然存在一系列突出的问题，主要表现在以下几个方面：运动处方的系统科学研究明显不足，许多研究样本少、规模小、指标低、时间短，多学科协作的水平相对不足；个性化研究一直比较薄弱，部分人群的运动处方研究尚未起步，尤其是对包括高血压、骨质疏松症等在内的研究在精确度和科学化水平上有待提高；运动处方的普及工作需要进一步展开，简捷化和实用化亟待研究和破解；缺乏运动处方方面的实用型人才，人才队伍建设水平迫切需要提高。

无数的实验和研究已经证明，同传统体育课教学模式相比，我国高校运动处方教学能够有效提高学生的身体健康水平，增强他们的身体素质，大大推动学校体育向健康体育的转型，效果明显。从微观角度看，这种模式对提高学生的健康，使其养成体育锻炼的习惯大有裨益。从宏观角度看，这种模式完全契合高校体育课和高等教育改革的内在要求和发展方向，实现了体育锻炼内容同传统体育教学内容的完美对接。可以说，运动处方教学是一种全新的体育教育改革试验，涵盖了教学指导思想、教学目标和任务、教学结构和方法以及教学实践体系的构建等诸多方面的内容。

（二）运动处方教学模式的特点

运动处方教学模式具有科学性、针对性、实效性等特点。运动处方教学模式是以学校和学生的实际情况为依据的、针对性很强的循环式体育教学模式，具备自我完善、自我发展、不断优化的科学特点，比较注重学生主体性的发挥和自主学习能力的培养。学生可在教师的帮助下，根据自己的实际情况制定并执行适合自身发展的运动处方，养成体育锻炼的习惯和终身体育的意识。[①]

第一，运动处方教学模式具有较强的科学性。运动处方在实施过程中将每位运动参与者的测试数据进行统计处理和分析，并遵循运动处方实施的原则和要求。因此，这种教学模式具有较强的科学性。

第二，运动处方教学模式具有较强的针对性。运动处方教学模式的设计和制定是建立在分析和评价不同学生体质状况基础上的。学生的体质不同，相应的运动处方也不同。运动处方教学模式是根据不同学生的体育兴趣和体育需求来制定和实施的。因此，运动处方教学模式具有较强的针对性。

第三，运动处方教学模式具有较强的实效性。运动处方的实施过程是在不同学生及不同环境下进行的，在对学生的身体数据分析之后，参照学校的具体情况及不同的环境和气候情况等因素而制定的。因为运动处方的实施是在教师的指导下，学生进行自我监督和实践的，运动处方的调整和反馈比较及时，并且在实施运动处方过程中学生可以不断进行自我调整和完善，所以运动处方教学模式对学生的体育锻炼的指导作用明显，实施的效果很好。因此，运动处方教学模式具有较强的实效性。

（三）运动处方教学模式在大学体育教学中的实验过程

对大学生进行分组对比实验。学生总共 240 人，均是参加体育必修课的学生，其中 120 人选修了运动处方课，定为实验班，另外 120 人未选修，定为对照班。实验班按照运动处方教学模式进行教学，对照班依照普通高校体育课教学大纲的要求，按教学进度进行常规教学。

---

① 吕晓龙.高校学生健身运动处方模式的应用及效果分析[J].体育风尚，2018(12): 232.

1.实验班教学过程

第一，实验班根据实验前学生身体素质和体质测试结果，按照运动处方的制定原则，根据自身的体质和实际情况，在教师的指导下制定出适合自己的运动处方。第二，在教师的指导下实施自己的运动处方。在运动处方实施过程中，学生应经常和教师沟通，及时反馈自己的实际情况。第三，及时检验运动处方的实施效果并根据实施过程中出现的问题对运动处方做出相应的调整。

2.对照班教学过程

对照班依照学校体育教学大纲的要求，按正常教学进度进行常规教学。

3.实验周期与内容

两种教学模式的实验周期为18周，实验前对两个班240个学生进行体质测试。测试项目包括12分钟跑、100米跑、立定跳远三方面，分别测试学生的耐力、速度和腿部力量。学生体质测试的标准采用《国家学生体质健康标准》，学生的各项体质测试成绩在80分以上，定为优秀。主要统计实验班和对照班学生的优秀率。实验结束后把实验班和对照班学生的各项体质测试数据进行对比和分析，得出相应的实验结果。

4.运动处方教学模式在大学体育教学中的实验分析

240名学生的身体测试结果如下：实验前，12分钟跑方面，实验班达到优秀的学生有50人，优秀率为42%；对照班达到优秀的学生有55人，优秀率为46%。立定跳远方面，实验班学生达到优秀的有68人，优秀率为57%；对照班学生达到优秀的有62人，优秀率为52%。100米跑方面，实验班学生达到优秀的有62人，优秀率为52%；对照班学生达到优秀的有64人，优秀率为53%。实验前学生的身体素质和体质测试结果显示，实验班与对照班学生各项身体指标均无显著性差异。

（1）经过18周的运动处方教学实验后，在12分钟跑方面，实验班达到优秀的学生有101人，优秀率为84%；对照班达到优秀的学生有75人，优秀率为63%。立定跳远方面，实验班学生达到优秀的有106人，优秀率为88%；对照班学生达到优秀的有69人，优秀率为58%。100米跑方面，实验班学生达到优秀的有89人，优秀率为74%；对照班学生达到优秀的有67人，优秀率为56%。实验结果显示，实验班和对照班学生的身体素质都有不同程度的提高，但实验班学生的各项身体指标比对照班学生的相关指标增长幅度明显。实验证明，运动处方教学模式和传统体育课教学模式都能促进学生的健康，提高学生的身体素质，但运动处方教学模式在促进学生的身体健康，提高学生的身体素质方面，效果更加明显。这说明运动处方教学模式可以促进学生的身体健康，有效提高学生的身体素质，该教学模式在体育教学中具有较强的针对性和实效性。

（2）实验结果显示，实验班学生在12分钟跑、立定跳远、100米跑等身体素质方面的数据好于对照班的学生。主要原因是实验班的学生实施了有氧运动和速度力量练习为主的运动处方。实验班学生在开始制定运动处方时，就根据自己的实际情况，在教师的指导下，按照运动处方实施的原则和方法来制定适合自己的运动处方。教师通过与学生的交流与沟通，在了解学生的实际情况后，针对普遍存在的耐力和速度力量较差的情况，把发展全身耐力和速度力量素质作为重点，全面进行身体锻炼。在运动处方实施过程中，把有氧运动和速度力量练习作为主要方式，取得了明显效果。这说明运动处方教学模式具有较好的灵活性，可以加强师生的交流与沟通，营造民主和谐的教学氛围，有效提高教学质量和教学效果。

（3）实验班和对照班学生实验前后的各项数据和成绩对比的结果显示，实验班学生的各项成绩与实验前比较，有非常显著的差异。实验班学生的优秀率大幅度提高，对照班学生实验前后的各项成绩无明显差异。主要原因是实验班学生在实施运动处方模式的教学过程中，学会了根据自己的体质制定适合自己的运动处方。在实施运动处方的过程中有效控制了体育锻炼的运动强度和运动量，并对自己的弱项加强了练习，使身体素质得到全面协调的发展。由于实验班学生掌握了运动处方的相关理论，所以在体育锻炼的主动性和自主性方面，实验班学生要优于对照班的学生。这说明运动处方教学模式具有一定的可行性和科学性。

（四）运动处方教学模式的发展趋势

现今，在运动处方教学的研究和应用方面，高校已经取得了一些突破和成绩。例如，提高学生身体素质、控制肥胖、提高学生运动能力等方面的研究日臻完善，各种研究成果日新月异，并逐渐涉及一些新领域的研究。但是，总体而言，运动处方教学的发展水平有限，还有很大的上升和发展空间。经济发展、科技进步和学校教育环境的改善都为运动处方教学的发展开辟了道路。[1]人们的思想观念得到极大的转变，更愿意接受先进的事物，这是改变目前现状的决定性因素。我们有理由相信，经历一段新的发展时期后，运动处方教学模式将被高校普遍采用，其普及范围会更广，研究领域会更宽，应用程度会更深，实施效果会更好。

---

[1]　杨春玲，王钟音，张茜.健身运动处方教学模式对提高医学生身体素质的作用研究[J].继续医学教育，2015，29(9): 38-39.

三、"生态体育"教学模式

"生态体育"教学模式要求学生与自然、社会亲密接触，运用适当的体育教学手段，实现对参与者灵魂和肉体的双重历练，并通过汲取大自然的精神力量，获知一定的社会知识与经验，培养学生的适应力和生存力。将"生态体育"教学模式运用到高校体育教学中，能够丰富教学内容与教学模式，实现教学手段的多样化，激发学生学习的积极性，提升大学生的人文素养和心理健康水平，增强其环保意识。在生态环境窘迫的今天，通过高校体育课程设置的优化与改善，积极引导这一新的教学模式走入校园，不失为一种生态教育的积极做法。①

（一）"生态体育"的研究现状及其概念

1915 年，美国社会学家帕克在《城市：对于开展城市环境中人类行为研究的几点意见》一文中最先提出"人类生态学"概念。生态学作为一门较为年轻的学科，发展较快，无论是研究领域的广阔性，还是与其交叉学科的数量，都是非常突出的。当下，教育生态学研究日渐兴盛，然而在我国，体育生态的研究明显滞后。面对世界生态革命、低碳生活的浪潮，体育界正在深刻地反思和研究现代体育所面临的生态问题，积极探索"人—体育—自然"和谐发展的基本途径和发展策略，以实现体育的可持续发展。尽管发展生态体育涉及社会、自然等诸多因素，但其基本途径仍然是社会体育和学校体育。众多学者对"生态体育"进行了研究与分析，虽较其他学科发展显得稚嫩，但也为高校体育教学改革指明了方向。国内较有代表性的有蒋训民等的《构建高等体育院系的体育生态教育体系》、谢雪峰等的《我国体育生态研究现状与思考》、曹秀玲等的《体育生态系统特征及其实证分析》、邓罗平等的《"生态体育"教学模式下高校体育改革与可持续发展》等。这些学者从不同的角度对"生态体育"进行了阐述与介绍，特别对其在完善和充实高校体育课程方面进行了详尽的论述。综合研究发现，目前我国"生态体育"的研究基本上是零散的、移植的和提出问题式的研究，总体上显得单薄；虽未冠以"生态"，但与其相近或内容相契的体育研究较多，为现在及今后"生态体育"的研究与发展奠定了基础。由此可见，"生态体育"教学模式得到了大多数学者的认同，彰显了时代气息。

（二）"生态体育"的特性

"生态体育"的提出不仅丰富了高校体育教学手段和教学模式，拓展了教学

---

① 郭荣菊,郭荣娟.试析"生态体育"教学模式在高校体育教学中的应用[J].菏泽学院学报,2012, 34(2): 135-138.

环境和教学场地，还使弱化高校体育场地的局限性成为可能。"生态体育"的特征有以下几点：

1.时代性

从"更高、更快、更强"到"更干净、更人性、更团结"理念的转变，使奥林匹克运动更加符合时代的强音，真正体现了全球各民族平等和全人类的和谐发展，从而为体育发展提供了更为广阔的空间。在"生态体育"理念下，各个高校应该结合当今社会发展的特点和高校教育改革的要求，紧扣时代脉搏，创编适合自身特点的高校生态体育课程。

2.自然性

"生态体育"是指让学生走出原有意义上的课堂，融入大自然生态环境和社会生态环境中，在教学过程中充分利用自然资源，让学生在感受自然气息的同时获得身心发展，提升内心体验，从而提升学生热爱自然、保护自然的意识，使人类与自然和谐相处。在体育锻炼中，无论人们是为了追求外在的身形之美，还是为了达到内在的身心愉悦、延长寿命，健康始终是人类不懈追求的目标，而这些正是生态体育的内在体现。这种生命的延续性正是生态体育的可持续性的最直接的体现。

3.适应性

在某种程度上，生态体育的适应性可以理解为主动适应和进化。随着社会的发展和21世纪对新型体育人才的需求以及高校体育人才培养模式的变更，对体育人才的培养要摒弃目标单一、重专业轻基础的"专才型"培养模式，而转向适应社会发展、面向未来，重基础、重个性、重素质等方面的人才培养模式。及时转变教学理念，改革教学方式，建立新的教学模式，让学生由"要我学"变为"我要学"。

4.层次性

现代体育生态系统是一个由政治、经济、文化、教育、科学、信息网络及其他系统构成的多因子、多层次的复杂系统，从本质上讲是一个"自然—体育—社会"的大系统，而人的主观能动性影响并制约着体育环境效能的发挥。因此，高校体育教学必须充分考虑人对生态体育不同层次功能发挥的影响，挖掘各个层次对体育的效能，通过对人的管理，实现体育的可持续发展。

（三）"生态体育"教学模式在高校体育教学中应用的利弊

1."生态体育"教学的有利因素

（1）对大学生心理健康的影响。大学时期是大学生处于即将步入社会但又不成熟的阶段，也是其人生观、价值观、道德观形成的重要时期，无论在生理机制还是心理方面都还不能完全融入社会。因此，必须对他们加强管理，让他们树立正确的人生态度，同时加强心理引导，避免学生在校期间荒废学业与青春。调查显示，大学生在校期间逃课的人数不占少数，而且他们逃课的主要原因就是对学业的厌倦、缺乏激情，对前途的迷茫，空虚，等等。"生态体育"对学生的心理有积极的影响，尤其在改善社会交往、抑郁、焦虑等方面作用明显，能有效地改善学生的心理健康状态。同时，学生在自然环境中更能激发其锻炼的兴趣与学习的热情，减少厌学、逃学现象的产生。

（2）"绿色奥运"的成功举办为高校"生态体育"发展模式提供了模板。2008年北京奥运会的成功举办为世人打开了一篇和谐的篇章。"绿色奥运、科技奥运、人文奥运"的理念在奥运场的软件、硬件设施上处处得以体现，"绿色奥运"的理念渐渐成为继顾拜旦提出的"和平奥运"之后的主旋律。由此可见，高校在推进"生态体育"的教学模式时可以借鉴其理念与方式，灵活运用，让"生态体育"成为高校体育教学的有效助力。

（3）高科技在高校的运用为构建"生态体育"体系提供了物质保障。全球的生态环境日益恶化，简单地通过大自然的自身修复是难以恢复原有状态的。现代化高科技在体育设施及相关领域中的运用是可以缩短生态环境自身修复进程的。高科技手段在"生态体育"中的运用必然会增强"生态体育"教学模式在高校中开设的优势。

2. "生态体育"教学的消极因素

（1）生态意识的淡薄。对我国59所高校3500多名大学生参与的"大学生生态保护意识调查"显示：多数大学生对生态知识不太了解，整体保护生态的意识淡薄。大学生是倡导、推动环保事业的主力军，但其对生态保护的理解和认识并不深刻，多数情况下仅停留在参与活动的层面，还不能将这种认识在生活中有效地体现出来。这不仅不利于大学生整体素质的提高，还对促进生态保护事业有一定的负面影响。

（2）"生态体育"课程设置不完善。近年来，虽然有不少学者对"生态体育"进行了研究，但调查发现，真正采用"生态体育"教学模式的学校极少，有些院系虽然尝试着开始了小高尔夫球、钓鱼、定向运动、木球、拓展训练等课程，但仅作为新课程的尝试，并没有形成高校体育教学系统的统一认识。因此，"生态体育"教学模式缺乏实践研究，需要有敢于尝试者先行，形成局面，带动整体发展。

（3）自然和社会生态环境的恶化。当下，环境问题日益严重，臭氧层破坏，荒漠化加快，土壤沙漠化、盐碱化、沼泽化，森林面积急剧减少，矿藏资源遭到破坏，野生动植物和水生生物资源日益枯竭，旱涝灾害频繁，致使流行病蔓延。另外，城市化和工农业高度发展而引起的"三废"（废水、废气、废渣）污染、噪声污染、农药污染等环境问题使人们在享受现代文明带来的便捷与舒适的同时，遭受到了来自大自然的报复。自然环境和人文环境的恶化给我们进行"体育生态"教学带来诸多制约因素。

四、俱乐部教学模式

（一）体育教学俱乐部的概念

俱乐部一词源于欧美，亦称总会，为社会团体和公共娱乐场所的总称。在我国，各种文化娱乐、体育活动等场所也被称为俱乐部。

根据美国经济学家布坎南在 1965 年《俱乐部的经济理论》中提出的俱乐部理论和由王同亿主编翻译的《英汉辞海》上册对俱乐部所做的定义，可将俱乐部概括如下：俱乐部有一定的地理区域范围，该区域范围内存在着有一定关系的人群，俱乐部具有相对的独立性，成员拥有相对一致的利益，某些需求可在俱乐部中得到满足。我国上海辞书出版社出版的《辞海》对俱乐部的解释如下：机关、团体、学校中文化娱乐场所通称。

由于体育俱乐部的多样性和复杂性，明晰体育俱乐部的概念显得更加重要。体育俱乐部大体上可分为业余、职业和商业三大类。业余体育俱乐部是一个非营利性的、业余的、自愿的、自治的群众性体育组织。体育俱乐部是一种社会组织，是"人的集合"，是从事体育活动的社会组织，是自发的社会体育组织，是一种由社会兴办的开展体育活动的基层组织。体育管理部门对体育俱乐部界定如下：体育俱乐部是指由企事业单位、社会团体和公民个人利用非政府财政拨款举办的，以开展体育活动为主要内容的基层体育组织。

学校作为一个非营利的实体，应归到业余体育俱乐部这一类别中。体育课程既要突出课堂教学，又要服务课外活动。学校体育的主要形式是体育教学，以体育俱乐部形式进行教学，应该遵循教学的规律，即在教师指导下，自由选择项目、教师、上课时间。具有共同体育锻炼爱好的大学生基于生理、心理、社会和自我完善等需要，以素质教育、健康教育为目标，以学校体育场馆为依托，围绕某一运动项目，从大课程观出发，把体育教学、课外体育活动、群体竞赛、运动训练四者有机地融为一体并纳入课程之中，成为一种综合的体育教学形式，即"体育教学俱乐部"[①]。

---

① 孙万莉.高校体育俱乐部教学模式存在的问题分析及优化策略研究[J].大陆桥视野，2020(8)：110-113.

（二）体育教学俱乐部的特点

1.新颖的教学组织形式

体育教学俱乐部打破了年级、专业限制，按学生需求和水平分层教学，教师按项目分 A、B、C 三个级别进行教学，这样既发挥了教师的专项特长，又有利于学生最佳情感的体验，符合因材施教的原则，是对学生最适宜的教学组织形式。

2.明确的培养目标和指导思想

高校体育教学俱乐部以终身教育为目标，要求每一个学生都要学会进行自我锻炼、自我诊断、自我评价。体育教学俱乐部模式结合高校体育教学实用性、多样性、社会性、娱乐性的特点，以终身体育为指导，把增强学生体育锻炼意识，掌握体育锻炼技能、方法，养成锻炼习惯，提高身心健康水平和社会适应能力作为教学的出发点和归宿。立足"课内增知，课外强身"的指导思想，体现"以人为本"的教育思想，围绕运动参与目标、运动技能目标、身心健康目标、心理健康目标和社会适应目标开展体育活动。

3.学生参与教学与组织管理

体育教学俱乐部把学生的兴趣爱好放在第一位，在强调教师主导地位的同时，更加注重学生主体地位的发挥，如把组织、管理、活动等权利交到学生手中，提高了学生学习的积极性，增加了学生学习的主动性；让学生参与其中，不仅培养了部分体育骨干，更重要的是让学生掌握了体育锻炼的方法，养成了体育锻炼的习惯。[①]他们用课堂上所掌握的体育锻炼的手段、方法指导课外体育锻炼，在体育教学中实现了有形效果和无形效果的统一、教育的短期效应和长期效应的统一。

4.课内外一体化，拓展体育时空

体育教学俱乐部模式以传授理论知识、培养兴趣、增强体育意识、掌握运动技能为主，是实现体育课程目标的有效方式。对于学生而言，课内学习运动技能，课外通过课内所学知识去指导课外实践，并在教师、体育专业高年级学生或体育骨干的帮助下，通过参与俱乐部组织的各种锻炼和形式多样的校内外群体竞赛活动，可以获得体育运动的乐趣，提高运动技能，养成锻炼习惯，实现课内外一体化。

---

① 张强，蒋宁，陈诗强.浅析自主—合作体育俱乐部教学模式的教学设计[J].玉林师范学院学报，2015，36(5)：75-79，84.

（三）高校体育教学俱乐部存在的问题

1.目标定位不清晰，教学大纲过于细化

大学体育中无论是体育教学还是课外体育，学生都存在着从不能独立到逐步独立，再过渡到完全独立的过程。年级越高的学生，其独立进行体育活动的能力越强。学校在教学大纲中对基本目标、发展目标都有说明，在具体的目标中则没有体现。为此，体育教学俱乐部在具体目标方面更应突出运动技能的掌握和态度、习惯的养成两个方面。另外，教学大纲灵活性较差，过于细化，各项目学习时数与学习内容规定过死，无形中约束了教与学双方在教学过程中的灵活性与创新精神，使教师成为机械执行大纲的教学机器。因此，制定教学大纲的指导思想必须转变，不必规定太多的必修项和严格的时数分配，而应在大纲提倡的总框架下适度自主，让教师和学生有较大的空间对各个项目进行合理搭配。

2.体育教学俱乐部缺乏文化支撑

在调查中，很多俱乐部的教师只是为了教学而教学，没有将文化这一核心层面贯穿到教学中。一个成功的体育教学俱乐部不能没有自己的俱乐部文化和相对完善的理念。我们所说的体育教学俱乐部并不是大家所说的那样：与原有的体育教学模式一样，只是换了一个比较优雅的称呼而已，也不过是将学生聚集在一起来锻炼某一种技能罢了。每个俱乐部都应有属于自己的体育文化，有自己的理念，并要宣扬这种理念，传播它的文化，从而引申出更多技能以外的东西。这就要求教师在教学中不仅要把运动技能教授给学生，还要把这一运动项目的文化贯穿了体育教学的全过程。另外，我们不能盲目模仿其他学校的做法，要结合本校的优势和特点，把握其文化特征，寻求文化支撑，构建自己的俱乐部文化。在此建议一些高校可以开设民族体育选项课程。各高校可以根据目前的条件，适当地选择踩高跷、舞龙等中国传统体育项目和当今世界流行的飞镖、跆拳道以及本地区具有民族特色的民族体育作为教学内容。因为民族体育是最原生态的体育，这些运动项目可引申出对非物质文化遗产的传承，能够使俱乐部发挥文化传承作用。

3.场地、器材匮乏

体育教学俱乐部要求有充足的场地和器材，虽然有70%的教师认为场地、器材基本能够满足学校正常的体育教学和课外活动，但仍有30%的教师认为不能满足。场地、器材的不足制约了教师专项水平的发挥，限制了某些项目的开设，制约了俱乐部的开展、学生学习体育的热情和体育兴趣的培养。对于一些热门项目，由于场地限制，未能满足学生的需求，造成"僧多粥少"的局面，更违背了体育教学俱乐部的精神和宗旨。

（四）高校体育教学俱乐部的运作模式构建

根据我国普通高校开展教学俱乐部的现状，借鉴国内外体育教学俱乐部的成功经验，以管理学和系统科学为理论基础，充分挖掘教学俱乐部理论的内涵，本部分初步构建了我国普通高校体育教学俱乐部的运作模式，具体如图4-2所示。

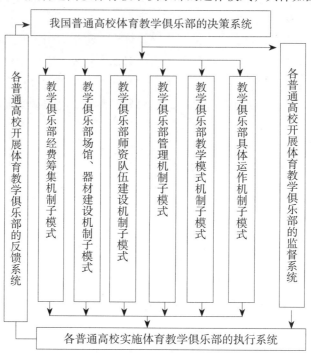

图4-2 高校开展体育教学俱乐部的运作模式

其中，运作模式中系统的宏观、微观构建如图4-3、图4-4所示。

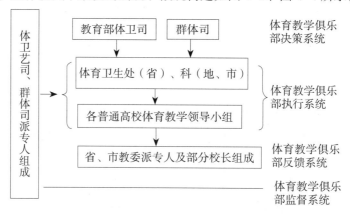

图4-3 高校开展体育教学俱乐部系统的宏观构建

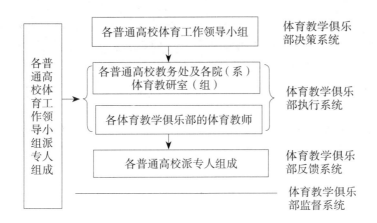

图4-4 高校开展体育教学俱乐部系统的微观构建

五、"三联互动"教学模式

高校体育教学改革一直是广大高校体育教师积极探索和创新的重大问题，目前已经创造出许多新的教学模式，不仅体现了高校体育教师的创新精神，还有效提升了高校体育教学质量和教学效果，取得了显著的成效。在我国大力实施"人才强国"战略的历史条件下，高校体育不仅承载着提升学生身体素质的任务，还应该承担起培养学生心理健康、人格健全的任务，特别是由于大学是90%以上学生在校学习的最后一站，因而要承担起激发学生体育意识和培养学生终身体育的任务。只有这样，才能体现高校体育教学的科学性和持续性。要想达到这些目标，就应当将开放教学、自主教学、体验教学紧密结合起来，大力实施"三联互动"教学模式，着力发挥高校体育教学的综合作用。

（一）基本内涵

高校体育"三联互动"教学模式就是将开放教学模式、自主教学模式、体验教学模式紧密结合起来，形成相互融合、相互促进、相互支撑的一个有机整体，通过开放式教学为自主式教学和体验式教学创造条件，通过自主式教学和体验式教学更好地推动开放式教学，以此提升学生的学习积极性、主动性和创造性。

1.开放教学模式

"开放"就是高校体育教学要改变过去传统的"封闭教学"理念，着力提升高校体育教学的灵活性、选择性和广泛性，树立"开放教学"理念，建立"开放教学"系统，使高校体育教学充满生机和活力。高校体育教学开放式教学模式并不是某一个方面的开放，而是各个方位的开放，既要开放教学内容、教学方法、教学评价，又要开放教学组织、教学时空、教学领域，充分发挥好教师和学生两个主体，充分利用课内与课外两个载体，充分用好校内与校外两个平台，通过开放式教学来提高体育教学效果。

2.自主教学模式

"自主"就是通过鼓励、支持、引导教学，让学生自主进行学习，着力培养学生的体育意识和自学能力。之所以提倡"自主"，是因为只有学生愿意学习体育、喜欢学习体育，才能真正地投入体育学习当中，才能自觉地掌握和领会科学的学习方法、锻炼流程，使学生具备更强的学习动力、学习毅力和学习能力，形成良好的体育意识，进而推动学生开展终身体育。

3.体验教学模式

"体验"就是高校体育教学要把"体验式"教学作为重要教学模式，将体验作为一种新的教学价值观，通过学生在体育教学中的体验来焕发体育教学的生机与活力，通过学生的积极参与和全心投入，让学生在教学体验中有所感悟、有所启发、有所提升，在体育运动中品味生活、领悟人性。[①]

（二）基本特征

"生活化"是高校体育"三联互动"模式最为显著的特点。"三联互动"模式能够将高校体育教学与学生的日常行为紧密联系起来，特别是通过教学内容的生活化、教学组织的生活化、学习过程的生活化、学习效果的生活化，让学生在学习体育过程中养成良好的生活习惯，并且将体育与生活融合起来，使高校体育教学体现"以人为本"的教学理念，为大学生未来的健康生活奠定重要基础。

（三）核心理念

高校体育"三联互动"教学的核心理念主要是培养学生的健壮身体、健康心理、健全人格和终身体育意识。在高校体育教学开放的环境和资源条件下，学生通过教师的引导教育，可以根据自身的身体情况、兴趣情况和需求情况，自主地选择体育学习项目、学习时间和学习方式，培养体育意识。

（四）实施策略

1.确立学习目标

学生通过自身状况及教师的指导意见，提出自己在某一学段或某一时期内

---

① 姜洋梅朵．"三联互动"在高校体育教学中的应用探析[J].湖北函授大学学报，2014，27(12): 133-134.

应努力的方向，明确阶段性学习目标。在学习目标确立过程中，教师必须充分发挥指导、引导、教导"三导"作用，通过行之有效的教学策略组合，使学生能够根据身体健康、运动兴趣、运动参与、心理健康和社会适应等方面的具体细则，形成符合自身学习实际、运动实际、发展实际的学习目标。确立了学习目标后，大学生更加具有主观能动性，对学习体育的动机具备了"自主性"，便可以很好地激发其学习兴趣和学习激情。

2. 制订学习计划

学生应根据自己已经确立的学习目标制订详细、具体、可操作的学习计划。在学习计划制订过程中，教师仍然要发挥好引导作用，对学生制订的学习计划逐一进行分析，并帮助学生更好地完善计划。同时，教师要积极引导学生相互之间进行沟通交流，互相提出意见建议，使每个学生的学习计划都能够符合自身实际。

3. 诊断学习情况

在开展"三联互动"教学过程中，教师要对学生的身体健康、运动兴趣、运动参与、心理健康和社会适应等情况进行调查和诊断。通过沟通交流或利用网络等载体对学生进行教学指导、教学引导和教学管理，让学生在已经建立好的诊断体系指标中选择适合和符合自己实际情况的，再通过教师自身或借助计算机辅助软件进行综合分析，对学生提出反馈结果和意见建议。对学生学习情况进行诊断，教师能够有效掌握学生的学习兴趣、学习意识、学习项目、学习特点等一系列情况，做到心中有数，从而为更好地开展"三联互动"教学奠定基础。

4. 贯彻学习内容

在这一阶段，教师要根据学生制订的学习计划全面开展学习活动。鉴于每名学生选择的学习内容不尽相同，教师应当结合不同情况采取不同的学习方式，但总体上应当分为三个基本阶段：一是引导与尝试体验阶段；二是指导与主动体验阶段；三是协助与自主体验阶段。在引导与尝试体验阶段，教师可引导学生了解学习内容、基本特点、学习意义，并开始尝试进行学习体验，提升学生学习意识；在指导与主动体验阶段，教师应由引导变成指导，更多地体现学生的主体地位，指导学生发挥主观能动性，使学生能够运用学习策略来获得学习经验；协助与自主体验阶段是"三联互动"模式的核心阶段，也是时间最长的阶段，教师要协助学生运用更好的学习策略来提高体育学习能力，并适时对学生的学习效果进行评价。

第三节　高校体育教学模式的创新发展

一、高校体育教学模式的现状

（一）指导思想

随着国家高校教育改革的深入，高校体育教育的指导思想也逐步从传统的学习基本的体育知识、技能向着促进学生树立终身体育理念、培养运动兴趣和能力的方向转变。独立学院体育教学的指导思想也不离其宗，归纳起来大致有以下几种：

1.竞技教育

中华人民共和国成立后的很长一段时期内，体育都被作为一种竞技运动进行教学，体育课的内容以运动项目的技术掌握为主，每项内容都设置了固定的量化标准，这种指导思想直到 20 世纪 80 年代才逐渐被健康教育所取代。至今，独立学院的体育教学中以田径和球类为主的课程设置还是难以抹去这种教学思想的印记。

2.健康教育

20 世纪 80 年代的体育教学大纲中明确地提出，学校体育教学的根本任务为有效地增强学生体质，体育教学思想发生了改变，体育教学进入了以锻炼身体为主要内容的阶段。

3.兴趣教育

日本学者曾提出"快乐体育"，指出体育教学要使学生产生乐趣，这对当时我国的高校体育教育产生了极大的影响。我国的体育教学思想中增加了培养学生体育兴趣的内容，即以兴趣教育的方式，促使学生自觉、主动地参与体育运动。独立学院的体育教学因为各方面的原因，要求与公立院校的体育教学模式区别开来，兴趣教育则作为一种必然的趋势，成为目前独立学院体育教学指导思想中一个非常重要的内容。

4.终身体育教育

所谓终身体育教育，是指以培养学生终身参与体育活动的能力和习惯为主导的思想，这种思想主张在大学阶段培养学生终身从事体育学习和锻炼的观念和习惯，并使学生掌握终身体育的基本理论和方法。随着高校教学改革的深入，这种终身体育教学思想逐渐成为主导。从调查结果可以看出，独立学院体育教学的现行指导思想较公立院校更为灵活，学生也明显地表现出对终身体育教学思想的向往。研究表明，终身体育的思想才是真正能使学生在生理、心理上得到全面发展，对体育产生兴趣，并养成终身体育锻炼意识的根本思想。

（二）课程内容

我国高校目前开设的体育课程内容主要包括理论课和术科两大内容，两者结合进行教学。通过深入高校实际调查后发现，绝大部分高校的体育课程都有体育理论课的教学任务和考试，但是在实际教学中对理论课的重视程度远不如术科，大多数理论课都是在因受天气影响而不能进行室外术科或者体育场馆不足的情况下进行的。在对学生的调查中，学生对体育理论课的需求更多地体现在健康知识、体育欣赏、养生保健、锻炼身体的方法等方面，而这些教学内容在目前笔者所调查的几所学校中开展甚少，和学生的需求极不相符。图 4-5 是在某大学大一、大二学生中随机抽取 200 名，通过了解学生体育需求后总结出的学生对课程的偏好。

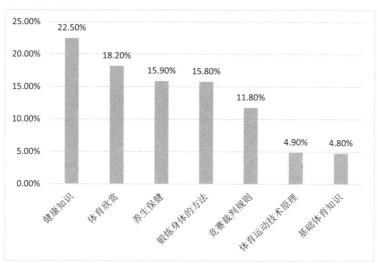

图 4-5　学生喜欢的体育理论课程比较

术科教学内容一般大一为体育基础课，大二为选修课，但主要集中在竞技运动项目上，如身体素质达标项目、田径项目、球类项目等，而学生对术科教学的需求则更多地与个人爱好或者专业特点相关联。调查显示，学生喜欢的体育项目排在前面的是羽毛球（51.4%）、篮球（48.1%）、游泳（45.8%）、健美操（40.6%）和乒乓球（39.4%），如图 4-6 所示，这就要求各高校根据学生的需求来开设课程，注重课程的专业性和针对性。目前，虽然有的学校打破了内部的系别和班级，采取选修的形式，但针对性仍不强。术科教学内容应该体现出时代性、针对性、多样性的特征，从最初设置就应以让学生掌握 1 ～ 2 项擅长项目为目标，这样才能逐步培养学生的终身体育思想，达到大学体育教育的最终目的。

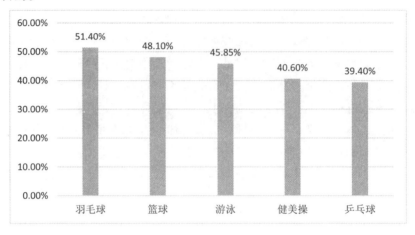

图 4-6　学生喜欢的教学课程内容比较

（三）师资力量

任何教育模式的开展都需要师资队伍作为保障。师资本身的素质和教学能力直接影响着教育的质量，也就是说，一个大学能培养出什么样的人才，教师是关键，高校体育教学也不例外。经过调查，目前高校体育教师中青年教师居多，他们精力旺盛、专业水平较高，承担着大部分的教学任务。老教师所占比例很少，但是他们具有丰富的教学经验、严谨的治学态度和卓越的科研能力，不仅能为青年教师起到表率作用，还能为独立学院体育教育的发展把握方向。

近年来，高学历的教师比重不断加大，高水平的专业人才使独立学院体育教学的教学质量得到了保证。同时，高学历的体育教师具备深厚的文化基础和知识储备，加上思维敏捷和高超的运动技能，不仅能完成体育教学中对学生身体方面的指导，还能在教学过程中不断创新，钻研更有效的教学方法，促进体育教育乃至整个院校的发展。另外，由于青年教师居多，职称高的教师比例相对变小，一般独立学院体育教师中有一名教授，其基本都是负责整个学校体育教学的领导，副教授的比例也不高，这样的职称结构为青年教师提供了更大的发展空间。独立学院体育教师的专业分布目前还主要集中在传统的田径项目和"三大球"专业上，普遍缺乏具有小球、跆拳道和游泳等专业特长的教师。因此，应加强体育教育专业多元化人才培养，进一步调整教学结构，以满足学生需求和教学改革的需要。①

二、高校体育教学模式存在的问题

（一）课程内容的设置与学生需求存在差异性

在对教师的调查中发现，高校体育教学内容以室外课为主，体育理论课开设较少，开设的理论课内容多为运动技术、技能的讲解。有的教师遇到风雨天气会让学生上自习，在他看来，这样也算上了体育理论课。因此，学生对体育理论课评价一直很一般。在对学生的调查中发现，很多学生对奥运会、体育运动对人的作用以及如何选择锻炼方式等通识化和实用性的理论知识很有求知欲，但是这些并不能在体育教育中获得。室外课程的开设也基本保持在传统的田径、球类、武术等项目，而学生比较热衷的运动项目是羽毛球、篮球、游泳、健美操和乒乓球等。显然，高校体育课程内容与学生需求存在某种程度上的差异。

造成这些差异的主要原因是教学环境、师资力量等因素的影响。首先，教师专业分配不均，过分集中在"三大球"运动项目上，直接限制了独立学院课程内容的设置，造成了对小球、游泳等其他项目教学的忽视。其次，体育教学环境直接制约着运动项目的开展，游泳、小球项目的场地、器材、设施的投入成本过高，特别是民办类高等学院无力承担。调查中还没有学校为体育课建设游泳馆和各类小球馆，一般都是只有少量的球台和球具，这样的条件只能用于小型的、持续时间短的校内比赛。另外，受天气的影响，这些运动项目基本都不能在室外开展，会大大减弱教学效果。缩小课程内容与学生需求的差距并不是说必须将学生喜欢的运动项目都列入课程设置中，但是合理配置师资，适当添加实用性教材，开设健身娱乐性强和满足不同类型学生兴趣的课程，是缩小课程内容的设置与学生需求差距的必然结果。②

（二）班级授课制仍是教学组织形式的主流

目前，绝大部分高校体育教学的基本组织形式仍然是班级授课制，班级授课制是 17 世纪捷克教育家夸美纽斯在《大教学论》中提出的强调固定的老师、固定的学生、固定的内容、固定的时间和固定的场所的教学形式。在我国，班

---

① 华夏，陈雷，孟令钗，等.新时期高校体育教学模式创新发展研究——评《高校体育教育创新理念与实践教学研究》[J].教育发展研究，2019，39(24)：2.

② 潘华云.高校体育教学模式的现状、发展趋势与创新路径[J].中国成人教育，2013(21)：169-171.

级授课制从兴办学校开始就得到了推行。直至今日，班级授课制仍然是授课的基本形式。在被调查的独立学院中，不管是采用何种课程模式进行教学，在大一阶段，都是以行政班作为教学班，这样的教学班组织起来比较方便，便于管理，学生间便于互相了解，也便于互相交流。但是，这种教学组织形式忽视了学生的个性需求和兴趣，势必在整体上降低学生对体育课的积极性。有的学校在大二阶段按专项编班，让学生根据自己的兴趣爱好和体育能力，选择适合自己的项目，当人数达到一定的标准后，变成一个教学班安排教学，但是学生之间的差异仍然难以消除。因此，体育教学必须采取有效手段使学生互相帮助，提升教学效率。

（三）教学评价方面的不合理性

体育教学评价是完善高校体育教学系统的重要环节，从教学计划到教学过程，如果缺少评价这一重要操作步骤，就不能完成一个完整的教学活动。通过对学生学习质量的评价，不仅可以进一步了解学生的学习水平，促进学生学习，还可以为教师教学提供反馈信息，有利于教师及时调整教学内容，改进教学。

随着体育教学改革的深入，人们对体育的认识逐步加深，对体育教学评价的观念也发生转变，评价中更需要体现学生的体育素质，而不是临时性对体育概念的掌握。但是，现阶段高校体育教学评价仍然局限于体育运动技能与方法的评价，忽略了体育课程中其他领域的评价。这是我国整体教育体系中长期占主导地位的应试教育导致的，这种教学评价带来的直接后果就是学生为了考试而学习，所学的知识非常有限。

此外，高校体育教学评价的功能单调，过分强调对学生的区别、甄选和选拔，并以这种鉴定结果作为对学生体育学习的终结性评价，完全忽视体育教学效果的反馈和对学生的激励，这显然是不合理的。高校体育教学评价缺乏主体参与机制，也就是说，在现有的评价体系中，学生无法进行自我评价，学生体育学习的效果只能由体育教师进行评价，这种评价方式缺乏客观性，也很不合理。调查中，很多学生都对这种评价方式表示不满，需要在教学改革中引起体育教育工作者的重视。

事实上，学生才是学校体育教学中的主体，他们对待体育教学各方面的态度是反映课程模式是否合理的一个重要方面。本次调查中提出三个问题："通过体育课是否可以学会一种健身方法？""通过体育课，你的体育兴趣是否有所提高？""你认为自己能否在经过大学的体育教育后形成终身体育观念？"通过学生对这三个问题的回答可以看出，传统的体育课程模式在现阶段的体育教学中已经远远不能满足学生的需求，亟须构建符合高校自身特点的体育教学模式。

三、新时期高校体育教学模式创新发展

教育既是继承人类文明的载体，又是推进人类社会前行的动力，它的发展必须匹配生产力，其创新也必然契合生产规律。高校体育教育作为宏观教育概念下的一种形式，在新时期社会结构、要素、关系等因素的变化下，自然也要谋求自身教学模式的创新。高校体育教学模式创新应跳出学科限制，融入社会发展，不断吸收外界知识信息，关注产业动态，聆听大众需求，据此构建新时期高校体育教学模式的基本框架，促进高校体育学科理论及实践内涵的丰富。笔者从以下三个视角研究高校体育教学模式的创新发展。

（一）树立"健康第一"意识，培养终身体育观念

体育教育观念正确与否直接关系着学校体育教学改革的成败，同时体育教育的指导思想直接影响着教学目标的制定和实现。在《全国普通高等学校体育课程教学指导纲要》的指导下，培养终身体育观念已逐渐在各类学校体育教学的指导思想中占据主导地位。学校要结合自身的特点，在培养终身体育观念的基础上，树立"健康第一"的意识，培养学生的坚强意志。

（二）构建高校专门的体育教学方法

体育教学方法属于体育教学法范畴，是实现体育教学任务或目标的方式、途径、手段的总称。要使学生在短时间内学到较多的知识、技能，受到深刻的思想教育，就要采取有效的教学方法。

1.体育教学方法的分类

由于在教学实践活动中涌现出来的教学方法形形色色，各有各的特点，而各种分类的基础、依据、标准不同，所以对教学方法进行比较科学的分类十分困难。可以根据体育教学任务分类，即针对不同的体育教学任务有不同的教学方法与之对应。

动作技能教学常用的方法有讲解法、示范法、纠正错误动作法、练习法、反馈法等；提高身体素质和运动能力的教学方法有重复练习法、变换练习法、循环练习法、比赛法、游戏法、评价法等；思想品德教育方法有说服劝告法、表扬批评法、榜样法、实践法等。这种分类方法以各种教学方法追求的目标为依据，以保证每一项体育教学任务都通过相应的方法来完成。

2.体育教学方法创新的原则

（1）由传授型向指导型转变。针对学生愿意运动，但不愿意上体育课的现状，在教学方法上，应该将以前传授型的教学方法向组织指导型转变。对于大学生来说，体育教学往往不需要过多的说教，也不需要过细的分解练习，能吸

引他们学习、锻炼的教学环境更重要。通过体育课，要使学生产生获得知识的成功感与自我探索的新鲜感。教师除了组织教学之外，还要对学习主体进行客观分析，预见可能达到的教学结果，然后根据学生学习的进展，结合学生学习的差异，对其进行恰如其分的指导，变机械传授为指导学习。

（2）变技术技能传授为学习方法传授。从社会发展的趋势看，终身学习、终身教育、学习社会化等全新的概念对体育教育提出了新的要求。体育教师应把教育的落脚点放在体育学习的方法上，正所谓"授人以鱼不如授人以渔"。在健美操教学中，除了讲解动作之外，教师还应该讲授相关知识，如健美操的起源、音乐的选择、不同动作对肌体的塑造、对情绪的感染、对气质的再造等。这样，才能使体育课堂向终身体育延伸，使学生真正具备终身体育意识。

（3）变教师主导课堂为以学生为主体进行创造性学习。在体育教学中，必须改变传统教学中教师一味地教、学生被动地练的教学模式。教师应当结合学生具备的体育能力与知识，为学生布置需要自己努力才能够获得的体育技能，而这种技能获得的过程完全是体育知识内化的创造性学习过程。

（三）建立科学的体育教学评价体系

在教学中合理运用科学的体育教学评价体系，不仅能调动学生学习的积极性，还能起到导向、调节、激励和鉴定的作用。具体来说，应达到评价内容综合化，评价方法多样化，以全面评价、突出重点为原则，不仅进行运动技术的评价，还要从运动参与、身体健康、心理健康和社会适应等方面对学生进行全面、准确的评价。

高校体育教师在评价学生技能成绩的同时，要评价学生的学习过程和进步幅度，更要强调学生在学习过程中的自我评价、互相评价和师生互评。另外，大学生是鲜活的个体，存在个体差异，在评价时要考虑到"区别对待"。体育课程与其他课程的不同之处就是学生除了自己的努力之外，受个人自然条件（如身高、体重）的影响很大，这就决定了个体差异性很大，付出相同努力的学生不一定会达到同样的结果。因此，对能力较差的学生不能直接否定，要给予鼓励，使其提高学习的积极性、自信心。

首先，更新评价理念。从根本上淡化考试的选拔功能，强化科学的评价指标、操作性强的评价办法，用先进的评价理念发挥评价体系的正确导向作用，从单一的评价视角转向多角度、多方法的综合质量评价，全面提升评价体系教育、检验、反馈、激励的综合功能。

其次，扩展评价内容。高校体育教学评价体系越来越重视评价内容的多元化，评价内容不能是单一的技术技能考评或健康测验，同时心理情感态度的评价开始在体育教学评价体系中普及。

再次，综合运用多种评价方式。在体育教学评价中，将诊断性评价、形成性评价和终结性评价结合运用。现阶段的体育教学评价单靠定量化、数量化方法无法认清评价对象的本质特征，必须把定量评价和定性评价相结合，将自评与他评相结合，客观、真实地反映教学效果，贯彻终身体育思想。

最后，科学评价，重在激励。在体育教学评价中，充分运用评价结果激励学生，促使学生不断进步与成长。学生看到自己的进步，会增强自信心，提高参与体育学习、锻炼的积极性和热情。

四、高校体育教学模式的发展

（一）体育教学评价体系更加注重"三维"的综合评价

"三维"综合评价是指在评价体育教学效果时，不仅从生物学角度评价学生提高生理机能的效果，还要从心理和社会的角度评价体育教学的效益。评价方式由单纯的定性评价或定量评价转变为定性评价和定量评价相结合，在重视他人评价的同时，重视自我评价；评价内容由对学生的评价转变为既评价学生的学又评价教师的教。通过改革评价体系，可使学生乐于接受评价，并积极参与评价。

传统的教学模式只重视终结性评价的作用，忽略了学生学习过程中的评价，因而学生的学习兴趣、情感反应都得不到反馈和体现。如今，体育教学逐渐摆脱了单一的终结性评价方法，开始重视学生的学习过程评价、学生的自我评价、单元评价等。

（二）体育教学模式的目标趋向情意化

社会的变革、科技的进步对人类的生活和身体产生了很大的影响，如心理素质、身体素质、社会适应能力等。在实施素质教育的过程中，教师要以培养学生的创新意识和体育能力为重点，改变教育理念、教学方法、教学内容和教学评价等，树立新的体育教学思想。现代教学理论研究和教学实践活动都已表明，学生的智力因素与非智力因素在学习活动中有着重要作用。现代教学模式改变了传统教学活动中片面强调智力因素的做法，有利于培养学生的自立性、情感性和独创性。学生在一种浓厚的兴趣、强烈的动机、顽强的意志状态下学习和掌握体育知识与技能，更能激发求知的内驱力。这种教学模式有很强的情意色彩。

（三）体育教学模式的形式趋向综合化

教学模式的形式趋向综合化是指体育教学模式向课内课外一体化发展。课内的主要任务是学习一些新的知识点，改正一些错误动作，因而要充分利用课外的时间，加强强化练习、过渡练习，复习与巩固已学的知识与技术，经常锻炼，才能使运动技能熟练化。虽然目前体育课受到重视，但课外体育活动名存实亡。

从教学模式角度看，目前由于对课外体育活动的不重视，这方面教学模式的研究也很薄弱。

（四）体育教学模式研究的精细化

理论研究的目的是指导实践，同时起到总结实践的作用。一方面，教学模式的研究必将从一般教学模式研究走向学科教学模式研究；另一方面，课堂教学模式的研究趋向精细化，尤其是有关中小学体育教学模式的理论与实践研究很受重视。

第五章　如何利用现代互联网技术拓展高校体育教学

第一节　建立高校体育管理系统

社会的发展和进步使高校体育的功能得到很大拓展。高等教育规模的急剧扩大使教学管理日趋复杂；国家体育体制的变化赋予了高校体育更多的竞技体育的功能；高校学科的优势及其交叉研究的趋势给高校体育科学研究带来了更大的发展空间；中国实施全民健身计划，构建社会主义和谐社会，更是赋予了具有良好运动设施和精良师资的高校体育更多的社会体育服务功能。高校体育功能的拓展与社会服务需求的增长给体育管理部门带来了管理的压力，如何有效地提高体育管理的信息化水平是高校体育管理部门面临的重要课题。通过有效的管理信息系统的设计与开发能有效地解决这一现实问题。

一、体育信息管理

（一）体育信息管理的定义

随着信息社会的到来，信息已成为一种至关重要的资源。信息是对客观事物状态和特征的反映，具有媒介、放大、预测和调控四个基本作用。但要在浩瀚的信息海洋中获取准确、有效的信息并非一件容易的事。信息管理就是信息社会实践活动过程的管理，是运用计划、组织、指挥、协调、控制等基本职能，对信息进行搜集、检索、研究、报道等，并有效地运用人力、物力、财力等基本要素，以期达到总体目标的社会活动。针对信息的管理，出现了管理信息系统。管理信息系统（Management Information System，MIS）就是用系统思想建立起来的、以计算机为基础的、为管理决策服务的信息系统。向系统内输入的是与体育部门或部门经营管理有关的基础数据，经过计算机系统的加工处理，从系统中输出的是供体育部门或部门各级管理人员和管理机构使用的积极信息。①

　　管理信息系统表明了一种顺序、安排和目的。管理信息系统特别强调提供给管理层的是信息，而不是单纯的数据。数据是未经加工的、未经分析的事实，如一堆数值、姓名或产量值等。管理信息系统的使用为信息的有效获取提供了很好的技术支撑，提高了机构管理水平和机构运行效率，因而迅速地渗入包括体育赛事系统在内的各行各业，得到越来越广泛的应用。体育赛事实际上是多群体协作的系统工程，工作量巨大，对于比赛现场的准确性和实时性要求也越来越高，而且需要尽量减少人为因素的干扰，为参赛的教练员和运动员及时、准确地提供赛场信息，辅助进行战略和战术上的决策，减少赛场作弊行为的发生。

　　随着体育赛事的逐步兴起，管理信息系统在现代大规模体育赛事（如亚运会、奥运会等）中得到运用。大型体育赛事需要处理的信息量大，对信息技术水平及工作人员管理水平的要求很高。②

　　从本质上说，体育信息管理也就是通过体育信息协调赛事系统内部资源、外部环境与预定目标的关系，从而实现系统的功能。因此，体育信息管理的水平、效果与管理过程中流动着的体育信息的质、量及利用水平都有密切的关系。所以，有效的体育信息管理尤其是体育信息资源的充分开发十分重要。体育管理信息系统（Sports Management Information System，SMIS）是体育组织与管理的管理信息系统，是利用计算机技术和通信技术对体育信息进行管理的人机相结合的综合控制系统。SMIS 主要用于体育赛事各级领导和管理人员对体育赛事组织活动、重大管理事件以及日常事务活动的辅助管理与决策。SMIS 是计算机技术、通信技术、信息技术和赛事组织管理技术相结合的产物。合理地运用体育信息管理系统，可以提高体育信息管理的效率，减少人为因素的干扰，提高赛场决策的准确性，加快赛场信息的传播。

（二）高校体育管理现状

　　高校体育作为高校教育的一部分，在管理上既有与其他教学部门相同的方面，又有自身的独特性和复杂性，具体表现为既有教师信息管理的封闭性，又有学生体育信息管理的开放性，既有对教师、学生等的要素管理，又有对场地、

---

① 赵农．对建立普通高校体育管理系统工程方法论的思考 [J]．山西师大体育学院学报，2000(2): 11—13.

② 胡峻铭．基于网络的高校体育信息系统分析与设计研究 [D]．武汉：湖北工业大学，2013.

器材等的要素管理。这种独特性与复杂性的客观存在和高校体育信息人才的缺乏导致高校体育管理的信息化和自动化水平明显偏低。其体育管理方式以人工管理为主，随着管理信息的剧增，这种方式的缺点越来越明显，表现在以下几个方面：①各种数据存放分散、凌乱，不易于保存和更新，体育管理工作缺乏连续性；②标准化管理的缺乏导致管理不规范、效率不高；③不利于数据查询、汇总、报表填写。高校各职能部门由于管理工作的需要，均在不同程度上实施了管理的网络化、办公的自动化。在这一背景下，高校体育管理的信息化需求与日俱增。

（三）高校体育管理信息化的目标要求

随着高校体育教学改革的深入发展，教学内容与教学手段日益多样化，同时普通高校招生人数不断增加，需要处理的有关学生的各种信息的量越来越大，传统的手工管理方式已不能适应现代化管理的要求，导致教育服务功能的发挥受到限制。

高校体育管理信息化的要求：在教学规模扩大和体育教学资源相对紧张的情况下，通过科学的管理，提高教学质量；拓展高校竞技体育与体育科学研究功能；与高校体育工作相关的各业务部门进行沟通，将体育管理工作纳入学校的整个网络化管理体系；更好地利用体育的功能为全校师生、员工以及社会服务。基于网络的现代信息管理技术为达到这些目标提供了技术保障。高校体育管理信息系统的开发有助于对高校体育各个业务流程进行科学管理，有利于完成高校体育教学的各项目标。高校体育管理信息系统的建设正是在这种背景下提出的。高校体育管理信息系统的建设是体育管理工作信息化建设的重要组成部分之一，为体育的信息化管理提供了先进的计算机管理手段，是全面实现体育信息化管理的基础。

二、体育管理信息系统总体设计方案

（一）开发模式

目前存在两种较为流行的模式：C/S 模式和 B/S 模式。C/S 模式是传统的 MIS 所采用的技术模式，与 B/S 模式相比，速度快，更利于处理大量数据，且有更安全的存取模式，同时可以降低网络通信量。但它也有一些缺点：跨平台性差；缺乏开放性，难以与 Internet 接轨；维护升级不方便；系统资源冗余度大，等等。B/S 结构是一种 Client 模式，客户端只作为 Browser，具备 IE 和 TCP/IP 协议便可运转，无须培训，不存在升级问题，使客户端的维护量大大减少；具有较好的网络扩展性和兼容性，能满足多点到多点的实时通信要求。两者结合既可保证系统内部的安全性，又可实现信息的开放性。因此，高校体育管理信息系统的设计采用 C/S 与 B/S 模式相结合、交叉并用的方案。两种模式存取不同的数据库，通过异构数据库的互相连接实现数据库之间的通信。

（二）开发环境

体育管理信息系统的开发环境为 Microsoft Windows Server 2003 操作系统、Microsoft ⅡS Web 服务器、Microsoft Visual Studio.Net 2003（Visual C #.Net 和 ASP.Net）开发平台以及 Microsoft SQL Server 2000 数据服务器等。

三、体育管理信息系统的设计与应用

（一）系统设计原则与可行性

为了保证设计目标的实现，结合用户需求，高校体育管理信息系统的设计遵循以下原则：实用性原则、信息集成原则、开放性原则、面向对象设计原则、可伸缩原则、高可靠性原则、易操作性原则、安全性原则。

我国各大高校在发展的过程中不断壮大，办学经验也随着时间的增长而不断丰富，从而形成了较为健全的管理方式。信息管理系统可以使高校的管理朝着规范、便捷的方向发展。高校中有大量的人才以及人才信息。在管理信息的时候，相关的管理人员需要掌握一定的计算机能力。高校的数据不断增加，校园网能够实现数据的共享，为信息管理带来很大的便利。高校管理信息系统能够提升管理水平，帮助高校更好地发展。

（二）系统功能

体育管理信息系统分为 8 个子系统，根据高校体育工作的流程和功能作用，每个子系统又包含若干子功能模块（图 5-1）。

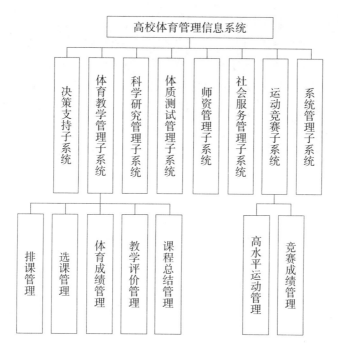

图 5-1　高校体育管理信息系统功能结构

1.决策支持子系统

系统提供一个跨平台的通用数据访问接口，其功能主要是采集数据，统计、汇总各种数据。向外，为用户提供发布信息的数据源，响应用户发出的各种查询请求并把查询结果返回给用户；向内，为决策者提供有用的数据，使决策者宏观掌握高校体育工作状况。

2.体育教学管理子系统

体育教学管理子系统包括排课管理、选课管理、体育成绩管理、教学评价管理、课程总结管理等功能模块。根据课程计划、教师资源、教学资源等信息，考虑到某些特殊因素，排课系统能自动合理地编排课表，并能手工调整排课冲突；选课系统能满足学生对公共必修课和公共选修课两种课程的选课需要，且与排课系统紧密结合；体育成绩管理系统管理学生在校期间的、与体育成绩相关的各项数据，包括学生姓名、学号、学院、专业、学期、课程名称、总体育成绩、各单项成绩、任课教师等，并完成以上数据的录入、查询、更新以及各种表格的生成；教学评价管理系统管理学生、同行和专家对体育教师的教学评价，即根据教学评价表，把客观评价换算成分数，并把主观评价记录下来；课程总结管理模块能完成体育教师对自己一个学期教学情况的总结。

3.科学研究管理子系统

科学研究管理子系统管理本单位教职员工的科研成果、科研项目和获奖情况等各项数据。科研成果部分包括成果名称、成果形式、第一作者、其他作者、出版单位、出版时间等数据；科研项目部分包括项目名称、项目来源、主持人、项目成员、批准时间、批准号、结题时间、资助经费、研究状态等数据；获奖情况部分包括获奖项目、获奖名称、获奖人、主要成员、授奖单位、获奖等级、获奖时间、获奖类别等数据。本系统完成以上各项数据的录入、统计、查询、更新以及各种表格的生成。

4.运动竞赛子系统

运动竞赛子系统管理本校高水平运动员和运动竞赛成绩两方面的数据。高水平运动员管理的基本部分是对高水平运动员基本信息的管理，包括姓名、学号、性别、出生年月、籍贯、民族、政治面貌、入党时间、学历、毕业学校、毕业时间、进校项目、进校成绩、运动员等级、就读学院、所学专业、毕业去向等；另一部分是每年对高水平运动员竞赛成绩的统计。运动竞赛成绩管理是对校外竞赛成绩、校内竞赛成绩和校田径运动会成绩三方面数据的管理，包括竞赛名称、竞赛时间、竞赛地点、参赛队或队员、所属学院、竞赛项目、竞赛成绩、竞赛名次、教练员等多项数据。本系统完成以上各项数据的录入、统计、查询、更新以及各相关表格的生成。

5.体质测试管理子系统

体质测试管理子系统具有预约学生体质测试时间与管理学生体质测试成绩两个方面的功能，完成体质测试数据的录入、统计、查询、更新及相关表格的生成。

6.师资管理子系统

师资管理子系统管理的基本部分是对教师基本信息的管理，包括姓名、性别、出生年月、籍贯、民族、政治面貌、入党时间、学历、毕业学校、毕业时间、原所学专业、职称、任职时间、职务、讲授课程、研究方向等数据；另一部分是每年对教师教学工作量、科研工作量、教学评价结果、教师交流、进修情况等数据的统计。本系统完成以上各项数据的录入、统计、查询、更新以及各相关表格的生成。

7.社会服务管理子系统

社会服务管理子系统主要完成体育培训、图书室资料借还、场馆利用等信息的管理。本系统完成以上各项数据的录入、统计、查询、更新以及各相关表格的生成。

8.系统管理子系统

系统管理子系统把每个使用本系统的人员作为一个用户，可以根据每个用户的使用范围授予每个用户不同的权限，还可以动态地调整用户的权限，通过对用户和用户权限的管理保障系统数据的安全性，并具有修改用户密码的功能。

四、系统应用的效果与不足

高校体育管理信息系统开发完成后，已应用于武汉大学的体育工作实践中，并取得了良好的效果。该系统针对本校体育工作的流程设计，能有效地管理相关数据，并进行分析、统计，使不同的用户获取可利用的信息，服务于他们的工作，也能更好地促进学校体育工作的开展。但是，这个系统功能还不够完善，必须进一步加以改进。首先，存在原始数据录入的问题。原始数据的录入是高校体育工作的重点和难点，目前只能依靠手工和其他辅助工具（Word、Excel等）来录入，不但工作量大、效率低下，而且准确性难以保证。由于原始数据种类繁多、格式各异、来源复杂，有些原始数据甚至不是直接数据，而是通过其他数据计算而来的。因此，试图一次性地开发出固定、统一的数据录入模块是不现实的。对此，应采取"模块化"开发、逐步完善的模式，即针对某一类原始数据开发专用的程序模块，将其转换为标准的数据格式，再经由接口导入原始数据库。其次，该系统存在与其他职能部门系统接口的问题。武汉大学的体育教学工作与教务部、社科部等职能部门紧密相关，由于职能、责任、沟通等问题，目前双方的数据还不能互通共享，导致系统不能完全发挥自身功能。

第二节　设计运动人体科学网络课程

计算机技术和网络通信技术的发展使接受教育的形式和内容变得更加灵活，基于计算机网络的远程教学已成为教育改革的趋势和方向，并且正迅速发展起来。网络课程是通过网络表现的某门学科的教学内容及实施的教学活动的总和，可通过丰富的教学资源和教学形式，提高学生学习的主动性和灵活性，更强调学生作为学习主体的重要性，利于实现个性化的教与学。

运动人体科学作为二级学科，涵盖体育科学中的人体（运动）生理学、人体（运动）解剖学、体育保健学等众多三级学科，是体育教育的重要基础课程。教学是高等学校的主旋律，运动人体科学学科建设必须把提高全学科各门课程的教学质量放在十分重要的位置，建设该学科的网络课程是提高教学水平和适应教育发展的重要手段。本节以《运动生理学》网络课程设计为例，阐述网络课程设计的主要方法及思路，为运动人体科学和其他体育学科的网络课程建设提供参考。

一、运动人体科学网络课程设计的基本要求

运动人体科学网络课程的设计必须能充分发挥网络教学的优势，具备自主性、开放性、共享性、交互性和协作性。即课程设计以学生自主学习为主；易于教师调整和更换课程的体系和内容；能通过网络功能引入丰富的动态学习资源；除了实现人机交互外，还能实现教师与学生、学生与学生之间教与学的交互；必须满足在互联网上运行的基本条件，具备安全、稳定、下载快等特点。

运动人体科学涵盖的课程主要研究人体形态结构、功能、运动对形态功能的影响及其变化规律等，其中一个重要的课程特点就是它的科学性。所以，在设计该学科的网络课程时，除需要满足上述要求外，还应强调课程设计的科学性。在组织教学内容、选择表现形式（如图片选择和动画设计等）时，必须以客观事实为基础，不能似是而非或凭空想象，以免误导学生。同时，因为运动人体科学课程内容复杂，涉及知识面广，需要生物学、数学、化学、物理学等多方面的理论基础，所以设计课程时应尽量避免生涩刻板的文字堆砌，努力提高教学内容的可读性和趣味性，在增加教学资源的同时，为学生的自主学习营造一个轻松、愉快的环境。

二、运动人体科学网络课程的设计

网络课程由两部分组成：一是教学内容；二是网络教学支撑环境。运动人体科学网络课程的设计和其他学科一样，应以帮助学生自主学习为主要目标，并体现网络教学的优势。下面以《人体生理学》网络课程的软件原型为例，简述运动人体科学网络课程设计的主要环节。[①]

（一）确定教材和教学大纲

教材选择是网络课程设计的重要部分。在教材选择上应充分考虑三方面：能反映当今学科发展前沿，体现教材的先进性与科学性；能紧扣培养目标，体现教材的实践性和应用性；利于学生自主学习，具有较高的可读性。要尽量选择本课程的重点或优秀教材。教学大纲对教学具有直接的指导意义，确定教材

---

① 肖冰.《运动人体科学基础》网络课程的教学设计[J].价值工程，2011，30(35): 172-173.

后可直接采用该教材现有的大纲。

运动人体科学下属各门课程都可选用本课程正式出版的最新教材。《人体生理学》网络课程的设计就选取了《人体生理学》本科教材。其他课程的最新版教材都可选为网络课程的教材。

（二）明确教学内容

运动人体科学教学内容的设计应针对各课程的特点，充分利用计算机多媒体技术和网络技术的教学优势，对各基本概念、原理和相关知识点进行整合，对文字、图片、动画、视频、音频等媒体信息进行集成。通过计算机对各种媒体信息处理范围的空间扩展和放大，真正起到信息交流媒体的作用。

在运动人体科学课程中，实验是非常重要的教学内容。网络课程的设计一定要包括实验部分的教学内容，包括实验目的、仪器、方法、结果、实验报告等部分。其中，实验仪器部分可用相关的照片或图片体现，实验步骤可用教学录像、模拟实验或虚拟实验体现，同时配以适当的解说，以使学生完整了解并掌握实验的全过程。

此外，网络课程的练习形式应当是交互式的，除人机交互外，还应实现师生间以及学生间的交互。可设计在网上完成作业的布置、提交和批改，部分练习（如判断、选择和填空）可采用实时交互形式，学生通过实时反馈的结果和标准答案可直接检验学习效果，问答或专题讨论等可通过 BBS 或在线讨论完成。交互式的学习方式可激发学生学习的主动性和积极性，有利于培养学生主动获得知识的能力和创新能力。

（三）总体设计与软件原型设计

网络课程的总体设计是设计过程中最重要的一环，软件设计过程所要遵循的所有原则都要在此得到充分体现。软件原型的设计是选择一个相对完整的教学单元进行设计，通过该软件的原型确定软件的总体风格、界面、导航等。《人体生理学》网络课程的设计就是以"运动与心脏"教学单元的软件原型确定了整个课程设计的基调。运动人体科学网络课程的总体设计应强调以下几方面：

1.提供多种信息资源

网络课程以学生的自主学习为主，所以应注重利用各种信息资源来支持"学"而非"教"。例如，《人体生理学》课程内容广泛，内在联系复杂，动态变化多，所以在设计时要注重运用多种媒体形式（如图片、声音、动画、录像等）帮助学生理解。设计的"解说"由专家讲解学习的难点、重点，并给予学习策略的指导。设计的"相关资料"包括推荐网站、推荐期刊、参考书目和相关录像。通过此设计，学生可在网上浏览或下载、播放相应的教学录像，直接连接到本学科领域的国内外网站，轻松上网查阅资料，或通过教师推荐的国内外权威著作或期刊，完成课外阅读、文献查新或专题讨论等，大大增加了学习的信息资源。

2. 合理组织教学内容

教学内容应以教学单元为单位，每一个教学单元包括教学内容、学习指导、作业、讨论组等。可采用文字说明、配音阐述、重点过程动画等多种表现形式。在内容组织上以 Web 页面为主，对屏幕上要显示的信息进行合理布局，包括主菜单、不同级别的操作按钮、教学信息的显示背景、翻页和清屏方式等。因为运动人体科学课程教学内容复杂，其目录层次和网状结构也复杂，所以页面组织要便于学生对教学信息的获取，三级菜单内的教学内容跳转最好在同一页面，若另开页面，也要有明确指示的返回途径，应充分利用网络的浏览功能或设定返回按钮，使不同页面之间通过超链接自由往返。

3. 提供交互式教学活动

网络课程的教学活动是网络课程的核心，可有实时授课、实时答疑、专题讨论、作业解答等多种形式。丰富的信息资源加上交互式的网上教学活动，可大大提高学生的自我教育能力，帮助其掌握获取信息的新技能，从而使学生的学习更富于主动性、自主性和创造性。运动人体科学课程的知识点繁多，内容抽象，自学有较大的困难。教学活动的设计应给予学生更全面的指导，同时以多种形式的练习强化记忆，帮助学生理解掌握。例如，《人体生理学》课件设计的"学习园地"包括学习指导、学生作业、在线讨论组和知识库，通过此设计可在网上完成作业的布置、提交和批改，或进行交流或讨论。知识库收集了自学的知识条，类似小词典，通过关键词链接，可自由查阅。"教师信箱"链接到指导教师的电子信箱，便于指导学习、答疑和问题探讨。

4. 设计丰富的表现形式

运动人体科学的各门课程不同，则网页设计不同，但每门课程应保持统一的风格和操作界面，界面的设计应注意构图合理、布局美观、色彩简洁明快，同级菜单的字体、大小和颜色一致，背景颜色与字体前景颜色协调，热字、超链接的颜色变化相同，动画、影像和声音播放清晰、流畅，且进程可控或开关自由。

运动人体科学的课程特点使动画、影像的运用十分普遍，如人体生理学、体育保健学、运动生物力学等课程都需要设计较多的动画或运用大量的录像资料辅助教学。需要指出的是，影像资料的选取应少而精。因为动态影像的信息量大，如果网络带宽有限，则下载、播放较慢，效果较差。可使用流媒体技术并适当缩小播放窗口，以利于影像的播放。

5.提供简便快捷的导航

导航是针对网络课程信息量大、内部信息联系复杂而设计的。通过导航可避免学习者偏离教学目标，引导其有效学习，这对以自主学习为主的网络课程十分重要。网络课程的导航方法有多种，如列出课程结构说明、直接导航、浏览历史记录、检索表单、导航条等。不管以何种方式导航，导航的设计原则是简单明了、快捷方便。该课件采用了直接导航方式，即由主菜单的导航图提供直接导航，通过其对各级菜单的超链接直接跳转到对应的页面。

（四）编写脚本

脚本描述的是学生将要在计算机上看到的细节，应由专业课教师和计算机专业人员共同编写完成。脚本编写有规范的要求和格式，可参考相关文献和技术规范。

在设计课程软件原型前要选定最能全面体现总体设计思路和表现形式的教学单元，然后编写脚本。但该脚本编写一个教学单元，软件原型实现后经过反馈，还需要进行修改，修改后的脚本可视为后期全课程脚本编写的基础。例如，选择"运动与心脏"作为软件原型，既包含基础理论和实验，又有运动实践的应用部分，既有单纯的概念（设置热字），又有复杂的原理和功能变化（动态信息），可充分反映《人体生理学》课程特点。

（五）课件开发及教学环境设计

课件开发是指根据课件脚本的要求，参考开发的软件原型，利用课件开发工具集成课程内容，形成网络课件。它包括对界面的最后制作和文字材料的编写。课件的文字材料一般应标注适用对象、系统概述、开发和使用环境、使用方法、开发人员等。

基本的教学环境指统一的教学支持平台的教学内容设计，包括教学大纲、练习题、讨论系统、作业提交与管理系统等。所有内容可直接在统一的网络教学平台界面中录入。至此，网络课程软件的设计基本完成。

总之，网络课程教学是教学改革的趋势和方向，运动人体科学网络课程的建设是提高教学水平和适应教育发展的重要手段，也是学科建设的重要内容。运动人体科学网络课程的设计应以帮助学生实现个别化学习为主要目标，并体现网络教学的优势，课程设计包括确定教材和教学大纲、明确教学内容、总体设计与软件原型设计、编写脚本、课件开发及教学环境设计等主要步骤。运动人体科学网络课程的总体设计应注重提供多种信息资源，合理组织教学内容，提供交互式教学活动，设计丰富的表现形式，并提供简便快捷的导航。

第三节　计算机技术与高校体育应用决策支持系统

20世纪70年代初，美国 M. S. Scott Morton 教授在《管理决策系统》中首次提出决策支持系统（Decision Support System，DSS）的基本概念。20世纪90年代，决策支持系统被引入我国体育界，并在运动训练、体育评价等方面得到应用。本节在对体育领域有关的 DSS 的文献研读的基础上，对体育领域 DSS 的开发与研制现状进行分析和总结，并对 DSS 在体育领域的发展进行展望，以期为体育应用 DSS 的发展提供参考。

一、DSS 概述

（一）DSS 的定义

1978年，P.W.Kenn 认为，DSS 是一个计算机系统，该系统对决策有影响。其中，计算机及分析辅助工具是有作用的，但管理者的判断仍是决策制定的基础。1980年，Bonczek 提出，DSS 是一个基于计算机的系统，该系统由3部分组成，即语言系统、问题处理系统和知识系统。1981年，Ginzberg 指出，DSS 是一个基于计算机的信息系统，用于支持不可能或不期望有一个自动的系统实现整个决策制定过程情况下的决策制定活动。1990年，西安交通大学席西民教授等人提出，DSS 是以计算机为基础的完成信息收集、信息整理、信息处理、信息提供的人机交互系统。总之，DSS 是以现代信息技术为手段，综合运用计算机技术、人工智能技术、管理科学等多种科学知识，针对计算机中的半结构化和非结构化决策问题，为管理者提供辅助的人机交互系统。

（二）DSS 的特征

（1）DSS 帮助管理者解决半结构化和非结构化问题，这些问题很少得到或得不到电子数据处理和管理信息系统的支持。

（2）DSS 辅助和支持管理者进行决策，而不是代替管理者进行判断。

（3）DSS 是一个人机交互系统，通过人机交互接口为决策者提供辅助功能。

（4）DSS 的目标是辅助管理者的决策过程，以提高组织决策制定的效能，因而不会取代电子数据处理和管理信息系统。

（5）DSS 能在整个决策过程中，根据决策者的需要在不同阶段提供不同形式的帮助。

（6）DSS 能够把模型或分析技术的利用与传统的数据存取和检索功能结合起来。

（三）DSS 的技术

由 DSS 的定义看，DSS 的建设涉及多学科知识。大体上讲，DSS 是一个由专业知识、理论体系、支撑体系、计算机硬件 4 部分组成的知识集成体（图 5-2）。

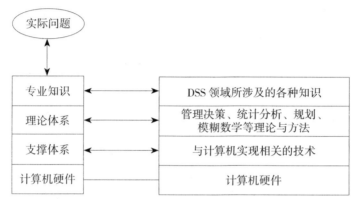

图 5-2　DSS 技术构成图

（四）DSS 的结构

从国内外发展的情况看，DSS 的结构一般分为 2 库、3 库、4 库、5 库系统。2 库系统包括对话部件、数据库、模型库，其主要功能是在信息和模型计算方面实现决策支持。3 库系统包括对话部件、数据库、模型库和知识库，即知识化决策支持系统（KDSS）。它主要把人工智能技术引入 DSS，使系统具有智能化。4 库系统是在 3 库系统中加入方法库，实现了模型与方法的分离存储，为模型修改和生成提供了方便。5 库系统是在 3 库或 4 库系统上加入文字库。5 库系统以及近年出现的 6 库、7 库系统等仍处于理论探索与试验阶段。

（五）DSS 的基本模式

一个完整的决策支持系统可表示为 DSS 本身以及它与真实系统、管理者和外部环境的关系。以两库系统结构为例，如图 5-3 所示。

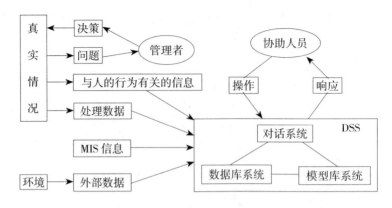

图 5-3　DSS 基本模式图

二、体育应用 DSS 研究现状

（一）应用领域

1. 运动训练领域

我国学者针对运动训练中的心理训练，研制了运动心理咨询与心理训练智能决策支持系统。该系统具有心理障碍类型诊断、心理障碍程度诊断、竞技心理能力诊断和心理训练方法选择 4 个功能，实现了运动心理咨询在训练中定性与定量的结合，为运动员身心发展的全过程实施系统心理咨询与训练提供了参考。我国学者还针对个别运动项目（赛艇、举重），建立了运动员竞技能力诊断、评价的系统模型，以发挥竞技能力各因素的最佳状态为目标，建立了运动训练过程优化设计、模拟和调控的决策支持系统。该系统把运动训练的全过程集为一体，不仅可以减小教练员及管理人员的工作强度，还可以为教练员控制训练提供科学参考。

2. 体育评价领域

我国学者对体育评价的方法与基本模式进行了系统分析，针对不同类型的体育评价研制出体育评价决策支持系统。该系统的集成结构体现了以定性分析为基础的定量分析，体现了系统解决体育评价问题的基本思路。

3. 体育管理领域

我国学者建立了体育领域高层次决策智能化支持环境，为高层决策者进行国家宏观的体育发展战略决策以及地区部门中带有全局性的发展战略决策，提供了辅助决策工具。

（二）采用的计算机技术

目前，体育应用 DSS 都运用了管理信息系统、决策支持系统和专家系统等计算机技术。管理信息系统用于结构化决策，决策支持系统用于半结构化和非结构化决策，这样可较为全面地解决体育领域内各种类型的决策问题。专业系统运用知识和推理，属定性分析；决策支持系统运用数据和模型，属定量分析。专家系统与决策支持系统相结合构成了智能决策支持系统。从 DSS 的结构来看，体育中应用 DSS3 库、4 库系统较多。

（三）存在的问题

目前，DSS 在体育中的应用尚处于研究阶段，还未深入体育系统的各个领域中，应用不多，研究群体也较少。研究工作在某种程度上与决策研究和组织管理的研究脱节，从计算机实现的角度去研究的较多，从决策与决策过程的角度去研究的较少。设计指导思想求全，影响了 DSS 的实用性。此外，体育应用DSS 融合了多学科知识，目前研究者和用户的知识面还不适应发展的需要。

三、体育应用 DSS 展望

（一）从应用领域看

1. 运动训练领域

田麦久教授曾指出，21 世纪运动训练研究的热点仍然集中于对运动训练过程的有效控制，并强调现代科技在运动训练领域全方位与全过程的介入。决策支持系统作为一种计算机技术向运动训练全过程的渗透将日趋明显。利用 DSS可对运动员状态诊断、技术诊断、训练计划制订的专家支持系统及训练效果的评价支持系统等进行研究，对研究员自动检索也可进行智能评价支持系统的研究，还可针对某一运动项目的训练过程进行辅助决策支持系统的研究。

2. 学校体育领域

在学校体育领域可以进行体育教学和学校体育管理等方面的智能评价支持系统的研究。

3. 群众体育领域

在群众体育领域可进行运动处方制定的专家支持系统的研究。

应该指出，DSS 不是无所不能的，因为 DSS 实现的载体——冯·诺依曼式计算机固有的缺陷使 DSS 技术存在知识获取的瓶颈、推理的"组合爆炸""无穷递归"及在线实时性较差等问题，所以应用 DSS 时一定要从实际出发，在DSS 的能力范围内进行应用研究。

（二）从 DSS 的发展看

1. 智能决策支持系统

智能决策支持系统是 DSS 与人工智能相结合的产物。对这个结合过程有两种不同的理解：一种是以传统 DSS 研究为基础，引入人工智能（AI）或专家系统（ES），提出"以 DSS 为主，以 ES 为辅"的结构，即智能决策支持系统；另一种是以 ES 研究为基础，引入 DSS 技术，如模型技术等，提出"以 ES 为主，以 DSS 为辅"的结构，即专家支持系统。体育领域中 DSS 的研究主要集中于智能决策支持系统的应用，这也是其今后的发展方向。

2.高层决策支持系统

高层决策支持系统包括战略决策支持系统（SDSS）和决策支持中心（DSC）。SDSS 是支持战略管理的。DSC 是在高层管理部位，配备熟悉决策环境和事务的信息系统人员，支持应急和重要决策的计算机信息系统。目前，体育领域中有关此类系统的研究尚不多见，可针对体育领域高层管理者的典型决策过程（创新性决策、方案选择决策、事件处理决策等）进行支持系统的研究。

3.分布决策支持系统

分布决策支持系统（DDSS）是对传统集中式 DSS 的扩展，是分布决策、分布系统、分布支持三位一体的，是由多个物理上分离的信息处理节点构成的计算机网络。网络上的每个节点至少含有一个决策支持系统，或具有若干辅助决策的功能。它比集中式系统更可靠，效率更高，更接近大型组织决策活动的实际情况。

4.群体决策支持系统

群体决策支持系统（CDSS）是对个体决策支持系统的扩展，是面向群体活动的，可为群体活动提供 3 个层次的支持，即沟通支持、模型支持及机器诱导的沟通模式。CDSS 对群体决策的支持既可以是集中式决策，又可以是分布式决策。大多采用分布式和分散式结构，支持"水平方向"的分布式处理，即支持对数据对象的远距离操作，还支持"垂直方向"的分散式处理，即通过用户和各应用层之间的接口，实现应用领域的功能。

根据决策的时间和空间划分，CDSS 具有 4 种不同的结构：决策室是目前应用最广泛的形式，可实现同时同地的群体决策；局域决策网络是在群体决策者不可能同时与会或有关决策信息尚未完全到来的情况下的辅助决策形式，可实现异时同地的决策；电子会议形式是所有决策者在同一时间进入 2 ～ 3 个中心，这些中心的地理位置虽然相隔遥远，但在大屏幕上可彼此相见，适于同时异地的群体决策；远程决策的制定可实现异时异地的群体决策，但目前的研究较少见。

第六章 "互联网+"与体育教学融合所营造的智慧课堂

党的十八大以来，我国教育信息化建设进入高速发展期，实现了硬件条件大幅度的改善，教师掌握信息技术的能力得到大幅度提升。随后，党的十九大提出了启动实施教育信息化 2.0 行动计划的战略决策，为加快教育现代化、建设教育强国开启了新的征程，教育信息化随之进入新的发展阶段。智慧教育作为教育信息化领域的"奋进之笔"，成为教育信息化的重要内容。

智慧教育在以教育信息化促进教育现代化中起着重要作用。合理运用现代信息技术，探索新的教育教学模式，培养创新型人才，是智慧教育的重要组成部分。智慧教育理念具有时代性。智慧教育理念需要通过智慧课堂的实施方能实现。随着社会的发展，体育教育信息化也开始受到学校的关注，体育教育信息化的推进能够创新体育教学方式，有效提高教学质量，进而培养出优秀的社会人才。因此，构建体育智慧课堂，改革传统教学模式已成为时下探索研究的热点之一。①

第一节 "互联网+"与高校体育教学融合之慕课

互联网技术的迅速发展使慕课这种基于大数据的新型学习模式逐渐应用到教育领域，它利用网络、通信、多媒体技术和现代化的教学手段，为公众提供大量优质教育资源。2012 年以来，慕课如雨后春笋般快速发展，一场数字海啸席卷了整个教育界。

一、关于慕课的解读

（一）慕课的概念及内涵

"慕课"即"MOOC"，是"Massive Open Online Courses"（大规模开放式

---

① 万灵娟.高校体育智慧课堂教学模式设计及应用研究 [D].成都：成都体育学院，2019.

在线课程）的简称。Massive 即"大规模的"，参加学习的人数众多，课程学习的规模巨大；Open 即"开放共享的"，注册免费，丰富的学习资源向所有学习者开放，没有资格限定，学习者眼界也随之开阔；Online 即"在线的"，授课和学习过程主要通过网络平台进行，师生间、生生间的交流与互动也主要在网上。[①] 最初"MOOC"概念是由加拿大学者斯蒂芬·道恩斯（Stephen Downes）和乔治·西门子（George Siemens）于 2008 年提出的，2011 年开始在美国兴起。2012 年，美国顶尖大学陆续设立网络学习平台，在网上提供免费课程，Coursera、Udacity、edX 三大课程提供商的兴起为更多学生提供了系统学习的可能。这三大平台都是针对高等教育的。2012 年，Coursera 宣布其平台下 5 门课程通过美国教育委员会的学分推荐计划，这标志着慕课正式进入高等教育体系。

历史上出现过两种 MOOC，即 cMOOC 和 xMOOC，其中 cMOOC 已经逐渐淡出舞台，也就是说今天我们所倡导和研究的慕课是 xMOOC。cMOOC 即基于关联主义学习理论的慕课，这是最早的慕课模式。其以个人为中心，侧重知识建构与创造，强调知识的创造、学习的自治、人的联结。xMOOC 即基于行为主义学习理论的慕课，这种模式模拟了传统真人教学，以知识的传播和复制为主，教师讲课，学生听完做作业。学习方式是看视频、做作业和考试、在线答疑和讨论。

（二）慕课的基本特征

随着慕课的成熟及其社会影响力的逐渐增强，其特征也越来越明显。

1.网络性特征

慕课的网络性特征首先体现为通过网络进行讲座和解释。慕课开设者对慕课的内容进行审核之后，可以没有时空限制地将课程上传到指定的慕课平台，供学习者自由、无障碍地参考、学习。其次，慕课的网络性特征体现为线上自由学习和讨论学习多种学习模式共存，学生可以自由选择适合自己的学习方式。最后，慕课系统通过学生的浏览痕迹对学生日常的学习行为进行记录和分析，管理者能够根据这些记录了解学生的学习情况，从而能够对课程进行调节，为学生提供更好的学习资源。

2.规模性特征

慕课的规模性特征主要体现在四个方面。第一，慕课学习者众多。目前，仅美国 Udacity、Coursera、edX 三大在线开放课程平台就已经有千万人次注册

---

① 王洪磊，仇银霞，邵林海，等 ."互联网＋"视域下慕课在高校体育专业教学中的应用研究 [J].运动精品，2019，38(3): 1-2.

登录。第二，有大量知名大学和优质的教学资源。世界范围内已有几百所名牌高校及机构参与慕课平台的建设，并在平台上免费与学习者共享一切优质课程资源。第三，慕课教学者众多。慕课的研发和创造包括完整的课程视频制作过程，如上传到终端，及时回答问题，以及组织学生参与对话。每一个步骤都需要专业指导教授以及教育助理、开发人员和实验室助理等通力合作才能完成。第四，课程投入规模大。慕课通过互联网在全球范围内针对学习者的需要进行高质量的授课，因此平台需要充足的资金支持。慕课还要求教师投入大量时间和精力提供课程、设计教学，需要学习者在学习活动中讨论问题。

3. 个性化特征

慕课的个性化特征体现在三个方面。第一，学生可以独立进行个人学习。学生可以通过教学平台选择学校没有开设的自己感兴趣的课程，根据自己的时间安排学习。第二，课程目标的多样化推荐。平台有多重学习模式可供学生选择，学生可以根据自身需要制定自己的学习目标。第三，针对课程资源的个性化建议。平台基于学生日常的学习痕迹，对学习行为进行分析和总结，推荐众多与学生日常学习有关的学习资源供他们选择和参考，从而大大节省了学生的时间。

4. 开放性特征

慕课的开放性特征主要体现在以下几个方面。第一，对学习对象开放。无论时间、地区、年级、文化、收入和班级，学生都可以随时随地进行在线学习。第二，教学形式开放。慕课平台支持学生在学习和讨论中使用各种社交学习软件，创建和共享一些对自己学习有益的资料。第三，课程和学习资料处于开放状态。慕课有多种丰富的教学资源，使学生在学习过程中能够快捷地获取资源，并且能够根据课堂需要和教学环境的改变而变化，易于进一步拓展与修正。第四，教育理念是开放的。慕课的教育理念是让任何愿意学习的学习者不受时间、空间的限制进行学习，将高质量的教育资源与学习者联系起来。

（三）慕课在国内体育课程中的发展

随着慕课学习者数量在全球范围内的迅猛增长，我国教育行业的领军者也开始了慕课的设计与慕课平台的建设。2013 年 4 月，重庆大学联合中国人民大学、复旦大学、北京航空航天大学等 44 所大学建立了"中国东西部高校共享联盟"，这是一个高质量的课程资源共享平台，该平台依托跨学科、跨地区、跨境、跨文化的教育教学理念，有效缓解了各地区高校课程资源不足的问题。在此之前，国家开放大学数字学习资源中心独立开发并向全世界发布"国家开放大学 5 分钟课程"的移动学习应用。该应用所承载的课程粒度小、内容精，内容涵盖文化、科学技术、生活、艺术、体育、社会、经济、人、自然、地理、历史等诸多领域，极大地推动了"每个人都学习，可以不时学习，随处学习"的信息化学习环境的构建。2013年，北京大学建立了"北京大学公开课"网站，该公开课面向没有机会就读北京大学的莘莘学子以及社会人员免费开放，极大地促进了我国高校教学资源的开放和共享，也是中国高等教育适应世界高等教育发展新趋势的体现。2013年10月，中国建立了第一个由清华大学和美国在线教育平台edX共同开发的MOOC平台。该平台开设了世界各地著名大学的优质课程，包括清华大学、北京大学、复旦大学、斯坦福大学和麻省理工学院。该平台涵盖了计算机、心理学、体育、教育、文学和历史等数十个领域。

在高校积极建设在线教育平台的同时，政府部门也极力推动慕课的发展。"十二五"期间，教育部、财政部共同创建了名为"爱课程"的"中国大学精品开放课程"。该平台为国内众多的学习者提供了大量的多学科优质的学习课程和良好的网络学习环境。2012年，上海教育委员会创建了"上海高校课程中心"，有效推动了上海高等院校教学资源的共享。为了带动慕课的发展和使学生享受到全国最优质的精品课程，教育部在国家精品课程集成项目建设的要求下，依据教育部教高厅函〔2007〕32号文件批准设立了"国家精品课程资源网"，该平台在全国范围内整合了4 000多个国家级质量课程，其中包括374个体育课程。

在国家的极力推动下，国内的部分商业网站也开始慕课平台建设。网易构建了"网易公开课"和"网易云课堂"两大大规模在线开放课程平台，新浪网打造了"新浪公开课"开放课程平台，腾讯网、搜狐网等也研发了自己的在线课程平台。另外，还有部分知名媒体网站开始开发在线学习平台。央视网、超星网等都相继研发了在线开放课程，优酷网构建了"优酷公开课学堂"模块。在慕课传入我国之后，慕课平台的建设数量在持续增长，同时我国的优质课程资源被更多的学习者共享。

二、"互联网＋"助推慕课融入高校体育教学

互联网的发展使慕课出现并快速发展。慕课是大规模在线网络开放教育课程，又被称为在线教育"2.0"。它是一种基于网络的、规模庞大的开放课程。个人或组织根据教学需要将课程有目的、有组织地录制成视频形式，并将其发布在互联网上供学习者注册学习，同时保持与学习者之间的交流、讨论以及答疑辅导，目的是促进知识的快速传播。慕课从互联网兴起，对平台建设的研究

也离不开互联网。"互联网 +",特别是"互联网 + 教育""互联网 + 学校体育"的提出使慕课开始逐步进入学校体育领域,越来越多的体育教师开始尝试学校体育微课、慕课的拍摄与制作,以及参加各种各样的慕课制作比赛。

学校体育运动技术教学的特殊性决定了慕课不能完全替代传统的学校体育教学。慕课融入学校体育教学并非两者的简单相加,而是充分利用互联网平台和计算机技术,发挥互联网在学校体育资源配置中的优化和集成作用,让慕课教学与学校体育教学实现深度融合。首先,慕课融入学校体育教学更具有吸引力。在传统的以讲授、示范为主的学校体育课堂教学中,由于受课堂时间、场地环境、课堂气氛、学生性格等各种因素的影响,学生的注意力难以长时间保持高度集中。而将慕课融入学校体育教学中,缩短了教师讲解枯燥、抽象技术动作要领的时间。学生可以提前在线学习教师精心设计制作的集知识性、趣味性于一体的,或解疑,或巩固,或拓展体育知识、技术动作的视频。同时,学生可以根据自己对技术动作的理解与掌握程度反复学习、模仿。这样既能激发学生的学习热情,又能提高体育课的质量与吸引力。其次,慕课融入学校体育教学使学生学习形式更加灵活。传统的学校体育教学方式是教师在固定的时间、空间内进行教学。学生因某种特殊原因,如请假,不能在规定的时间上课是现实体育教学中经常遇到的事情,如此,学生很难有机会再次进行系统学习,进而出现非连贯学习、运动技术学习脱节的现象。而慕课融入学校体育教学的方式较灵活,学生可根据自己的时间,在正常上课之前的自由时间内预习,或在因特殊情况而耽误正常上课时进行自学,其学习时间、学习内容不受时间、空间的限制。

三、慕课与高校体育教学的融合

慕课已融入学校体育教学。其作为一种混合式教学形式,构成一种完整的以"问题"为中心的线上学习、交流、答疑,以"任务"为中心的线下互动、反馈、评价相结合的教学链条模式(图 6-1)。

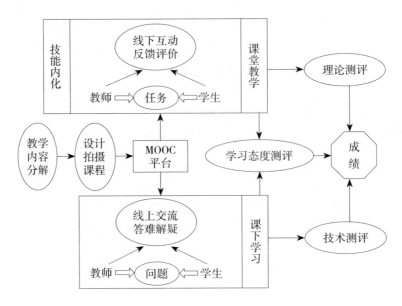

图 6-1 慕课与高校体育教学融合模式

在所搭建的学校体育慕课教学平台上完成运动知识、技能的视频授课以及答难解疑、学习积极性测评，可确保师生之间有充足的课堂交流、反馈时间，使学生成为课堂真正的"主人"。对于教师而言，课堂外要精心设计与制作课程视频，在线互动答疑、统计学生在线学习成果、适时进行形成性评价等，课堂上主要针对不同学生的掌握程度，帮助学生加深对自学运动知识和运动技能的理解与掌握；对于学生而言，要想顺利通过课程学习，除要自行观看、学习教学视频外，还要接受教师面授课、参加课堂讨论以及在线与教师围绕教学任务进行互动交流。

根据"慕课"与学校体育教学融合模式，整个教学流程（图 6-2）可以归纳为以下四个步骤。

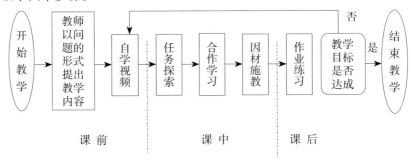

图 6-2 慕课融入学校体育教学流程示意图

（一）慕课视频的设计与制作

教师根据单元教学目标、学生的身心特点将教学内容细化、分解为知识点，即对技术动作进行拆分和组合，搜集、选择合适的教学素材与资源，设计制作相应的慕课视频。"认知超载"是学生视频学习中最容易出现的现象，其会影响学生自主学习的积极性。因此，教师在设计教学视频时，"课程内容的选取应遵循认知负荷理论，可通过减少视频中无关信息的出现、将抽象内容图形化等方式降低学习者的内在认知负荷，在关键内容展示时做出标记或者文字提醒等以提高学习者相关认知负荷，以此促进学习者的有效学习"。基于此，慕课视频时长不宜过长，公认的微视频"黄金时长"为6分钟。

（二）学生在线自主学习——以"问题"为中心

学生在教师下一次面授之前可自主选择在线学习的时间、地点，围绕学习任务在指定的慕课学习平台上自主观看、学习教学视频，并在观看、学习的过程中紧紧围绕教师提出的"问题"将自主学习过程中难以理解、掌握的运动知识与技能记录下来，并且在线完成教师提前设计好的与"问题"相关的理论测试题目。同时，学生围绕自主学习所遇到的疑难以及理论测试错误题目可重新观看视频并在线与教师、学生进行集体讨论交流、分享自身的学习心得，从而更好地理解所学知识。在利用平台进行交互的过程中，线上平台应当充分发挥教师社会临场感的作用，努力增强在线学习者的凝聚力与归属感，使学习者快乐、不孤单地学习。

（三）教师课堂面授——以"任务"为中心

教师课堂面授环节主要采用任务驱动法。以"任务"为中心，激发学习者的兴趣；以教师为主导，学生为主体，提高学生自主探究与协作学习的能力。首先，教师围绕学生在线学习情况、疑难问题简要进行反馈、评价，并开展补充性讲授；其次，根据教学目标、教学重难点以及学生在线自主学习情况，设计具有挑战性和探究性的任务，并将学生分组；各组成员围绕"任务"共同讨论、商议、分析、决策，合理分工、相互协作以至于最终完成任务。协作探究活动在充分体现学生主体地位的同时，对培养学生独立思考、分析并解决问题的能力、沟通能力、包容能力有积极的作用。通过课前在线自主学习、交流、讨论、教师答疑以及课内的小组任务探究，学生要有针对性地进行成果展示。教师根据学生的课堂表现、成果展示，在线学习、参与讨论的热情度，讨论交流次数、效果，理论测试成绩等实时对学生进行形成性评价。

（四）课下知识巩固与练习

经过"线上＋线下"的混合式学习，学生对知识点和基本技术动作有了清晰的认识与熟练的掌握，然而运动技能的获得还需要持续不断的练习。因此，单元教学任务完成之后，学生仍要继续进行课下知识的巩固与运动技能的反复练习，并且要接受学期末的技术测试，在教师结合形成性评价对其进行终结性评价后，方能通过课程考核。

第二节　"互联网＋"与高校体育教学融合之翻转课堂

现代化信息技术的飞速发展给人们的生产、生活带来了巨大的变革，创新的技术理念才是真正改变人类发展进程的推手。近年来热度不减的"互联网＋"就是推动经济社会进步的先进理念之一，将"互联网＋"的理念运用到教育教学工作中既是"互联网＋"漫延发展的必然，也是新时期实现教育现代化、教学信息化的必然。"互联网＋"将互联网与各传统行业相加，这里的相加并不是简单地将两者的内容要素等放到一起，而是要实现融合发展——互联网与传统行业的各要素既能发挥其本身的作用，又能相互之间产生深度的融合，发生联系，从而实现 1+1 ＞ 2 的实际效果。

在教育现代化发展的推动下，在高校体育教学中尝试实行"翻转课堂"的教学模式，这是一种有效的教学改革发展策略，对接下来的课程改革和教育创新也具有重要的启发意义。

一、翻转课堂的基本理论

（一）翻转课堂的内涵

翻转课堂一词源自英文词汇"Inverted Class-room"或"Flipped Classroom"，通常指重新调整教学课堂内外的时间，从本质上讲，在翻转课堂中学习的决定权不再属于教师，而是由学生掌握。在翻转课堂教学中，学生能在课堂中有限的时间内更专注地开展学习活动。对于全球化的挑战、本地化的挑战、现实世界中存在的问题，教师与学生可以一起研究、解决。在课堂教学开展的过程中，教师不会再耗费大部分的课堂时间讲授信息，但是在课堂教学结束以后，学生需要自主地完成这些信息的学习，学习方式包括听播客、看视频讲座、阅读电子书，或者在网络上同其他同学互相讨论。综上所述，在翻转课堂教学模式中，学生可对自己所需的材料进行查阅，且教师同每一个学生进行交流的时间也增多了。当课堂教学结束后，学生能自主地对学习节奏、学习内容与知识呈现方式进行规划，实现个性化学习。

（二）主要特点

翻转课堂教学模式之所以被人们广泛关注，是因为其具有以下几大明显特点：

1.教学视频短小精悍

不管是亚伦·萨姆斯与乔纳森·伯格曼的化学学科教学视频，还是萨尔曼·汗的数学辅导视频，都具有一个显著的共同点，即短小精悍。即便是较长一点的视频也只有十几分钟，而大部分的视频通常只有几分钟。但是，每一个视频都具有很强的针对性。同时，网络上发布的视频可以回放、暂停等，学生可自由控制。

2.重新建构学习流程

学生的学习过程一般包含两个阶段。第一阶段是信息传递，在教师与学生之间的互动、学生与学生之间的互动中完成。第二阶段是内化吸收，需要学生在课堂教学结束以后自己完成。学生在自己完成的过程中，由于缺少教师的支持与同学的帮助，往往在内化吸收阶段出现挫败感，进而丧失学习的动力与成就感。

翻转课堂教学模式重新建构了学生的学习过程。第一阶段的信息传递是在课堂教学开始之前由学生完成的，而教师在提供视频的同时，还提供在线辅导。第二阶段的内化吸收是在课堂教学的互动过程中实现的。对于学生存在的学习困惑与困难，教师应该提前了解，同时在课堂教学中对学生进行有效的指导，而学生与学生之间的互相交流活动对学生内化吸收知识的整个过程有一定的促进作用。

3.复习检测快捷方便

当观看完教学视频以后，学生就会看到视频结尾处出现的几个小问题。通常是四个或五个，它们能帮助学生及时检验自己的学习情况。如果学生不能很好地解答这几个问题，就应该回放一遍教学视频，仔细思考出现问题的原因。同时，云平台应及时地对学生回答问题的实际情况进行汇总、分析，使教师更客观、全面地了解学生的学习情况。教学视频的另一个明显优势，就是方便学生一段时间以后对所学知识的复习与巩固。伴随评价技术的不断发展，学生学习环节具有足够的实证性资料支撑，这对教师在真正意义上了解学生是非常有帮助的。[①]

（三）翻转课堂的实施条件

1.完备的网络教学设施

翻转课堂由在线网络教学平台和实际课堂两个平台共同构成，最终实现了信息技术与教学过程的深度融合。在线网络教学平台的构成包括网络教学设施的硬件和软件两个部分，硬件主要包括计算机、智能手机等电子终端，软件主要指网络教学系统。教学资源的上传、在线测试、师生之间和学生之间的评价、作业的发布、教师对学生学习状况的了解和监督等都离不开网络教学设施的支持，这是该模式实施的前提条件和基础。随着互联网、电脑、智能手机等在高校的普及和各个高校对多媒体教室建设力度的加大，我国普通高校的网络教学设施正在逐渐完备，这为翻转课堂教学模式的实施提供了有力的支持。

当前，可供选用的网络教学系统较多，如 Canvas、Moodle 等软件都可作为网络教学系统形成在线网络教学平台，有些学校已经引入较为成熟的网络教学系统并在全校范围内开始实施。例如，北京邮电大学、复旦大学、上海交通大学、河南理工大学等已经开始广泛使用 Sakai 网络教学系统作为在线网络教学平台以辅助日常教学。在线网络教学平台一般又分成不同的模块，各个模块分别具有不同的功能。综合来看，各种网络教学系统所形成的在线网络教学平台，主要由教学资源上传模块、师生交流答疑模块、在线测试评价模块、学生信息资料模块、作业发放回收模块、问题讨论模块、学生成果展示模块以及通知发放模块等组成，如图 6-3 所示。

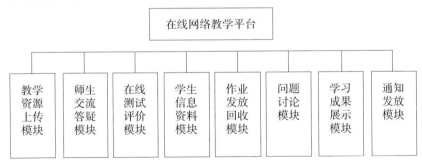

图 6-3　在线网络教学平台模块的基本构成

---

① 谭丹华."互联网＋"时代背景下高校体育教学翻转课堂模式探讨 [J].吉林广播电视大学学报，2019(7): 96-98.

2.学校教学管理部门的支持

学校有专门的教学管理部门，并制定有专门的教学工作管理规定，甚至还有资深教师组成的教学督导小组。现有的各种教学管理规定虽然给教学的开展提出了明确的要求，但也为新型教学模式的实施制造了障碍。翻转课堂在教学结构、教学程序、课堂的组织与管理、教学效果的评价等方面超越了传统教学管理的规范性要求，在课堂组织管理方面不再像传统课堂那样始终整齐划一，在教学设计上，课前的自主学习主要培养学生识记、理解这种相对低级的思维能力，并通过自我测试和评价等环节，适当发展学生的高级思维能力；课中主要通过教师的组织和指导，培养学生的应用、分析、综合、评价等高级思维能力。在现有教学管理规定的限制下，这一创新性的教学模式要想得到顺利实施，首先要得到学校教学管理部门的支持。如果依旧采用传统教学那套管理办法来衡量翻转课堂的效果，任课教师在实施翻转课堂时就会面临较大的困难。

3.专门的师生培训

各级各类学校的教学都是随着社会的发展而处于动态发展之中的，因而专门的教师培训需要持续进行，教师只有与时俱进地提高自己才能胜任教学工作。在一种新的教学模式实施之前，对教师的专门培训也是必不可少的，教师只有真正领会新模式教育教学理念、实施条件、实施办法及要求等，这一新模式才能被有效实施于相关课程的教学之中。

二、翻转课堂与高校体育教学的融合

（一）课前阶段

教育教学最主要的目的是实现预期的教学目标，而教学目标则是教学活动开展的重要向导。因此，在高校体育教学的课前准备阶段，首要任务就是构建完善合理的教学纲要、制定科学的教学目标以保障课堂活动的顺利开展。课堂教学目标应从多维度进行制定，以提高教学的有效性，让教学目标具有相应的动态性。在实际教学中应对教学目标进行不断的调整与优化，让体育翻转课堂三个教学阶段产生紧密的联系。此外，在教学中应根据教学纲要与目标的要求明确教学中的重点知识。翻转课堂中的体育课程内容应具备一定的系统性与整体性，结构上应具备一定的科学合理性，要能够按照学生的认知能力和现实生活挑选合适的材料，同时要结合教学内容特点对这些材料进行二次加工。在教学目标中应罗列出相应的教学任务与详细内容，通过多媒体课件让学生深入了解体育动作的相关技巧与要领，也可利用 Flash 动画或视频影像帮助学生学习。教师应将这些材料作为学生课前自主学习的重要资源，而这些资源，教师可自行制作，也可利用网络资源。为了让学习更加直观，便于学生理解，教师在选择网络材料时，应对所挑选的素材进行加工，可适当添加文字介绍，使学生对所学内容了解得更加深入。对于较为复杂的体育动作，可利用动作与图像解说的方法向学生展示，这样既能够激发学生的学习兴趣，也可以让他们掌握每个动作的细节。比如，背越式跳高过杆的动作，在传统课堂教学中通常无法将该动作要领全方位地展示给学生，也无法直观地为学生详细讲解过程中后仰动作应注意的事项，但通过翻转课堂教学模式，利用视频便可让学生在课前自主学习阶段掌握其中的动作要领。体育教师在制作教学视频时，应把握好视频的整体时间，视频内容应充分结合教学目标，并按照教学板块规划进行设计，由简到难进行安排，让学生在理解基础理论知识的基础上，掌握各个动作的要领，切实保障教学目标的实现。

（二）课中阶段

在课中教学阶段，学生提出具体问题，教师针对学生提出的问题进行详细解答并根据标准示范展开体育运动技能教学，进而帮助学生更好地理解与掌握所学课程内容，完善学生自身的知识结构，以此达到预期的教学效果。因此，体育教师在课中教学阶段，首先应确立教学任务，掌握学生在课前自主学习阶段遇到的问题，对相关问题进行整理归类，在教学中让学生按照问题的类别展开小组讨论与交流，通过组内探讨的方法解决某些问题，让学生主动进行思考与协作学习。而对于学生组内讨论后无法解决的问题，体育教师则可在掌握相应知识的前提下对他们进行科学有效的指导，这样不仅可以让学生学到知识，还能加强他们解决问题的能力。在体育翻转课堂教学模式中，学生通过课前的自主学习了解并掌握了某些动作技巧，进而充分节约了教师的讲解时间，为学生课堂训练预留了更多时间。在帮助学生解决完疑难问题后，还要按照不同学生的实际水平展开针对性的训练，并对训练中发现的错误加以纠正与总结，进而确保课堂教学的实效性。需要注意的是，教师在纠正学生错误的同时，要让学生真正明白导致错误的原因，以此培养他们的自我纠错能力，还要让学生在学习动作要领时进行常识性的解说与示范，这样才能在掌握动作要领的同时，帮助其他同学。对于学生而言，课前的自主学习通常是记忆层次上的基础学习，因而会遇到许多自己无法解决的问题，而课中教学阶段的主要目的就是解决学生课前学习中遇到的相关问题，通过课堂中学生之间的讨论一一解决，而对于解决不了的问题，则需要教师的指导与帮助，以此调动广大学生的积极性，促使他们踊跃参与到课堂讨论中，自由表达个人的想法与观点。在讨论中，教师要将学生划分成相应的小组，各个组要选出组内代表，对学生自主学习中存在的问题展开分析与研究，教师对各个小组的问题进行总结整理。这个过程不仅使学生掌握了知识，还拉近了师生间的距离，真正提高了体育教学的整体质量。

（三）课后阶段

高校体育教学应在课程结束后对学生在翻转课堂中的实际学习状况与表现进行综合评价，对学生在课中训练上常见的问题与失误加以总结，并要对他们在体育动作与技巧学习上的态度和效果进行全面了解。教师应针对学生在翻转课堂中共同存在的问题制定相应的解决方案，通过提供多媒体课件与教学视频等为学生的自主学习提供自由充足的空间。学生课前自主学习的具体效果需要教师在课堂教学中进行检验。在检验中，教师可让学生通过示范或充当临时教师角色的方式详细讲解相关动作与技巧。这种方法既能让学生掌握体育动作要领，又能进一步提高学生的自我表现力，有助于广大学生的全面发展。此外，体育教师也要帮助学生有效巩固课堂所学内容，可采取课后强加练习的方式，也可采取小组讨论的方式，使学生加深对所学知识的印象。

三、"互联网＋"背景下翻转课堂体育教学存在的问题及发展趋势

根据"互联网＋"持续变革翻转课堂实施的技术手段和理论设计，"互联网＋教育"形态翻转课堂的实施环境和教学模式亟须构建。根据已有研究发现主要存在以下问题：①翻转课堂教学环境固化严重且创新性不足，表现为实施过程具有同质化倾向，使用的支撑技术普遍较为落后；②翻转课堂教学囿于传统课堂且网络化应用存在瓶颈，表现为网络化应用在课堂教学中受到较大限制；③创新的技术工具和环境与学科课程的整合深入度不够且效果不佳，表现为实际采用先进的技术环境并没有对教学效果产生显著影响等。同时，创新的技术环境和模式却在不断渗透进翻转课堂教学：二维码教学丰富了课堂信息获取的便利性和多样化的传播方式；学习分析技术改变了教学评价和反馈方式；移动App组织教学创新了课堂内外的互动教学方式；微课程的移动终端化和网络化促进了以学生为中心的个性化教学形成，等等。因此，要开展"互联网＋"背景下翻转课堂教学研究，探究"互联网＋"带来的翻转课堂教学深层次的转型变革，重构传统课堂教学适应翻转课堂教学的创新教学环境和教学模式，生成网络翻转课堂教学的创新性教学环境和教学模式，深化翻转课堂教学的层次和水平，以提高基于翻转课堂教学的效果和效益，促进学校教学改革与创新型人才的培养。

高校体育实施翻转课堂教学模式，为其教学改革提供了全新的思路。翻转课堂实际上就是运用先进的信息技术来转变传统的教学方法与形式，进而形成

的一种崭新的教学模式。翻转课堂模式能为学生提供更加自由轻松的学习环境，可以更好地激发他们的学习兴趣，让学生在自主学习中，提高思考与解决问题的能力。同时，应确保翻转课堂教学模式下的教学内容的系统性与全面性，结构应体现一定的科学合理性，要能够按照学生的认知能力与现实生活选择合适的材料，还要按照教学内容的特点对这些材料进行精细化加工。要根据教学目标制定详细的教学任务与教学内容，利用多媒体课件让学生真正掌握相关体育动作的要领与技巧。

第三节　"互联网＋"与高校体育教学融合之微课

说起微、小课程这类课程的发展，最早要追溯到"微博"的出现，它的出现给微课的发展带来了契机，在这之后各类与"微"相关联的信息、内容，出现了井喷式发展。朋友圈、快手短视频以及我们教学中使用的一些课程视频等都产生于"互联网＋"的大环境下。"微"已经与我们形影不离了。在我们的体育教学中也相继出现了利用多媒体的各种体育微课、体育微课视频等。

一、微课是什么

（一）微课简述

随着互联网的大力普及以及信息技术的快速发展，如何将互联网与教育紧密结合在一起，找到一个更适合当下学习者的学习方式，是所有教育者共同的愿景。"微课"最早起源于美国，经历了从无到有、从繁到简、从封闭到开放后在教育界掀起了一股信息时代教育改革的潮流。其初期的发展历程如图6-4所示。

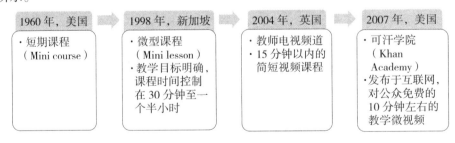

1960年，美国	1998年，新加坡	2004年，英国	2007年，美国
·短期课程（Mini course）	·微型课程（Mini lesson）·教学目标明确，课程时间控制在30分钟至一个半小时	·教师电视频道·15分钟以内的简短视频课程	·可汗学院（Khan Academy）·发布于互联网，对公众免费的10分钟左右的教学微视频

图6-4　国外微课的发展情况

"自主学习""终身学习"这两个学习目标可以说是每一个教育工作者所追

求的理念。微课教学凭借特殊的优势，可以说是"自主学习""终身学习"走向成功的重要途径，其正以意想不到的速度将移动端的线上学习发展成为当下最炙手可热的新方式。"互联网＋教育"在信息技术的支持下，将学习内容变得更加丰富多彩，更加开放共享，人们的接受度也越来越高。微课教学视频乘着东风，不断创新学习形式，促进教育更好、更快、更普及地发展。这种教学形式的诞生与奥地利因斯布鲁克大学 Theo Hug 博士有着紧密的联系。它是移动端微型课程教学的雏形。经过反复论证，他认为"微型学习是将学习内容分割为较小的学习模块，并且聚焦于时间较短的学习活动"。通过研究我们发现，微型学习发展至今，最显著的特点就是对我们的学习进行了重新规划。它容量微、内容精练，表现方式丰富多样，如有图片、文字、音频等，微型学习之所以如此风靡，正是因为微型课程有"短""小""精""活"的特征，契合了当今现代化时代发展的快节奏。

（二）微课教学

"微课"是以音频或视频为主要载体表现教师的教学内容，进而展开教与学的过程。微课教学视频的成功与否，在于课程设计的思路、课程的安排、课件的准备、学生是否能够接受并学到知识、课后的辅导复习等。可以按照教师的教学或者学生的知识需求，随意组合视频内容，可以将一个完整的教学视频分散为几个知识模块的视频，也可以将分散的知识模块视频整合成一个完整的视频，从而来满足教师教学和学生学习的各项需求。"微课"以精练形象的音频或视频为表现形式，展示专业学科中的某一个知识点，使学生能够更形象地学习到学科知识。其通过独特的短小精悍的内容，集中学生的注意力，帮助学生充分汲取知识，提供便捷的课后知识点巩固练习。"微课"在内容上一般针对课堂教学中的疑难点，通过精心设计，用音频或视频方式，针对性讲解、示范，知识内容可能是学科理论，也可能是课题活动、实践操作等，内容广泛、形式多样，根据不同学科的不同性质、不同老师的不同教学风格，个性化地设计出形式多样的微课教学主题和内容。

（三）微课教学设计

微课教学具有多元化的特点，具有多种设计方式，但是基于基本教学设计进行新型教学设计需要注意三个基本维度：知识与能力、过程与方法、情感态度与价值观。结合这三个维度利用网络在线视频课程进行教学的教学模式是一种对所教学科的知识点或者教学中的某一内容进行情景化视频设计与制作开发，以达到让人直观接受的教育教学的新模式。我们在传统的教学过程中引入这种创新的教学方式，可以使学习者自行利用微课对重点知识进行巩固，从而起到改变传统教学的学习氛围的目的，为我们的学习者提供良好的学习环境，让学习者真正做到学以致用，养成学习的好习惯。微课教学是在移动设备上展开的，一般采用网络在线播放形式，根据微视频时间短、内容精的特点，微课视频的大小基本控制在很小的范围内。随着4G甚至5G网络的发展，现在大部分地方的网络均可保证视频的在线流畅播放。学习者可以在任何时间段，选择在线观看或下载微视频，实现移动远程听课和个性化、碎片化学习。此外，微课的发展也对教师进行课后观摩、评课、反思和研究起到促进作用。

二、高校体育微课的设计

（一）体育微课内容选择

1.确定选题

在针对体育课程制作微课时，只有将研究重点放在对运动技能的教学上才能进一步验证微课在体育课上的应用效果。微课设计在选题时要注意抓住教学重难点，最好是将单个知识点拿出来讲明白、讲透彻，这样才能体现出微课精悍的特点。微课并不仅仅是一节短短几分钟的网络微课程，它是一整套逻辑严密、循序渐进、相辅相成的信息化教学体系，研究主要以"大学体育—篮球"这一课程为例，拟设计6节完整的动作教学微课，分别为"篮球运动的发展""球感练习""运球动作与练习方法介绍""传球动作与练习方法介绍""单手肩上投篮技术动作教学""防守动作与练习方法的介绍"。因为课程的设计理念及设计方法大致相同，又因为投篮是至关重要的一项技术，所以我们选择对"单手肩上投篮技术动作教学"这节微课的相关设计进行进一步阐述与分析。

2.途径选择

在体育类微课设计中，为了让学生建立基本的动作表象，形成正确的动作定型，在开发途径的选择上既要有完整动作的视频、分解动作讲解的图片，还要加入重要知识点的巩固加深，所以我们决定采用组合型开发途径进行本节微课的制作。

3.前期分析

（1）学习者特征分析。本次研究我们选择的教学对象为鲁东大学一年级的两个班级。作为新时代的大学生，相比中学他们在学习上的自觉性有了很大的提升，依赖性减少，对新事物的接受能力普遍增强。在高校中，学生的自主时间明显增加，对课程的学习不仅仅停留在课上时间，他们变得更加善于利用课余时间。在对知识的获取上更加自主，更加期望丰富多样的形式。鉴于学生注意力的有限性，我们要将微课的时间尽量保持在10分钟以内，这样才能保证学生有时间、有兴趣进行微课的学习与反馈。

（2）教学内容分析。本次研究主要建立在"大学体育—篮球"的一系列课程上。篮球运动属于普及度非常高的一项运动，在我国也得到了广大人民群众的认可，属于非常典型的竞技运动。对于高校学生来说，篮球运动的学习难度适中，对增强学生的团队意识与竞争意识具有积极作用。

（3）教学目标分析。①知识与技能目标：结合微课的学习在课余时间多加练习，进一步巩固、加强篮球基本技术的动作规范性与提高投篮准确性。②过程与方法目标：学生在学习中要及时在平台上反馈学习情况，同学间要多加交流，共同进步。③情感态度与价值观目标：通过学习，进一步提升学生对课余时间的科学有效利用。促进学生逐渐养成良好的运动习惯与克服困难不断挑战自我的竞技意识。

（二）体育微课教学设计

1.微课教学模块设计

在此以单手肩上投篮技术动作教学为主要介绍内容将本节微课内容设计为五个模块，主要包括介绍单手肩上投篮、完整动作示范、技术动作讲解、慢动作示范及技术讲解、介绍练习方法，并对每个模块的设计方式、教学目的及设计用时做简要说明。具体内容如表6-1所示。

表6-1 微课内容模块设计

模块编号	知识点编号	设计内容简述	呈现形式	教学目的	用　时
模块一	1	投篮及单手肩上投篮	图片＋文字	使学生了解所学技术动作	60 s
模块二	2	正面完整动作示范	视频	建立正确的动作表象	30 s
	3	侧面完整动作示范			
模块三	4	基本技术动作讲解	图片＋文字	使学生了解技术动作要点	60 s
	5	重难点技术动作讲解			
模块四	6	结合慢动作讲解技术动作要领	视频＋文字	在了解的基础上进一步体会动作细节	90 s
模块五	7	讲解练习法	视频	指导学生掌握一定练习手段	30 s

2.微课的课件设计

本研究在进行微课设计的过程中，针对设计内容及现有技术条件，在进行相关素材的选取和制作时，首先通过文献及资料进一步明确了篮球单手肩上投篮的技术动作规范，进行了完整动作示范的视频录制、慢动作示范的视频录制、分解动作的定型图片及相关知识讲解、教学重难点的突出讲解等资源收集与设计。其次，利用 PPT 将资源进行合理整合。再次，利用 QuickTime Player 通过录屏加上解说配音的方式将微课制作完成。

（三）体育微课设计评价

教学评价以总结性评价为主，在微课学习完成后，主要根据学生的调查问卷结果和测试题的反馈评价学生的学习效果。在微课学习过程中，我们也可以通过访谈及时了解学生的学习情况，以便及时发现问题，并能针对性地解决问题。

三、"互联网＋"背景下微课在高校体育教学中的融合与实施

（一）微课应用平台的确定

微课要想系统地帮助学生完成自主学习，必须要有平台的支持，也就是说要把微课资源集中放在某一平台上供学习者自主学习，这样才能更好地发挥微课的效果，因此微课应用平台的选择非常重要。

网络教学平台是早期的一种教学服务平台，它可以实现完整的教学过程，包括教学设计、教学内容、教学活动、教学评价等。它是一种较好的在线学习服务平台，微课的实施也可以在此平台上进行，只要把相关的资源上传到平台上即可，学习者登录这个平台就可以系统地进行微课的学习，不过这与传统的网络教学有些许相似之处。为了与传统网络教学相区别，可以对资源设计和活动设计进行一定的创新。因此，在选择微课应用平台的时候要考虑多方面的因素，学习对象集中、学习内容较多的时候可以选择采用网络教学平台。

目前，另一种网络学习平台渐渐进入人们的视野，也日益被大家所熟知，它就是微信公众平台。微信公众平台是一个包含着文化传播、人际交往、社会心理、生活方式等多种复杂语义的平台，一方面它可以使用户享受到二维订阅、消息推送、品牌传播等个性化服务。而且微信公众平台是向公众开放的，它操作简单便捷，我们可以通过 QQ 号码申请微信公众号，并在微信平台上实现文字、图片和视频的交流和互动。另一方面，学习者只要拥有能上网的智能手机和微信账号就可以接收平台推送的消息，包括定期推送的学习资源，从而可以轻松完成自主学习和移动学习。

高校大学生个性鲜明，追求主流，具有较强的自主学习能力，他们是信息

技术和新思想传播的重要群体。与网络教学平台相比，微信公众平台更加适合他们开展微课学习。此外，学生已经拥有智能手机、iPad 等移动设备，微信更是他们常用的聊天工具，他们也曾经运用过移动设备进行学习，于是利用微信公众平台进行学习是他们非常乐意接受的学习方法。学生乐于尝试新事物，敢于挑战新方法，这就为微课的实施提供了重要的条件基础。

（二）微课的具体实施

在确定选择微信公众平台后，笔者首先在微信公众平台上申请注册了一个订阅号，根据课程名称和微课特色命名为"体育微课学堂"。其次，将之前设计好的微课资源逐一上传到微信公众平台上，在上传过程中，由于每个视频的上传容量限制在 20 M 以内，对于个别较大的视频需要利用视频编辑软件进行压缩或剪切，图文类的微课则利用 Word 文档对文字和图片进行编辑和处理。再次，将微课资源推送给每一个学生，目前刚申请的微信公众平台每天只能推送一条消息，这就需要提前完成微课资源的上传。最后，要求学生根据推送的微课资源进行课程的学习，并在课程学习后对学生进行问卷调查和测试评价。

微信公众平台对微信号的管理，与 QQ 群不同，用户需要凭借用户名和密码登录微信公众平台，且每次只允许一个人登录到平台上管理和发送资源，在群发消息时需要申请注册人微信确认后才可群发。笔者在群发微课资源前，先通过自己的手机预览所要群发的消息，预览时查看消息的文字大小、文字段落间距是否适合、图片的排版是否恰当、视频的播放是否流畅等，并发送到特定的微信号预览查看，最后根据查看后的反馈进行修改和完善。

1.课前准备阶段

高校体育课基本以室外活动或体育场馆内活动为主，因此在正式上课前有 3～5 分钟的学生集合时间，这段时间不进行正式的体育授课，但是可以通过微课的形式将这几分钟时间和正式的体育教学联系起来。首先，可以通过讲授型微课对学生进行体育课前教育，引出体育课的正式教学内容。教师通过口头语言方式向学生传授知识，以篮球课为例，课前可以简单地介绍下本节课需要学习的篮球技巧，讲授这些篮球技巧的应用情形、运动原理等，使学生在正式授课前对本堂课内容有一个简要的了解，方便正式授课时的教学展开。其次，教师可以按一定的教学要求向学生提出问题，学生利用其个人知识进行回答，达到课前互动的效果，既能加深师生间的联系又能激发学生的兴趣。依旧以篮球教学为例，很多大学生都有其喜爱的篮球运动员，教师可以联系这些内容进行引导式提问。例如，最喜欢篮球运动员的哪个动作、最喜欢的篮球运动员在篮球比赛中的位置和作用等相关问题。又如，要进行三步上篮的体育教学，可以选择三步上篮较出名的体育运动员进行引导式提问。通过问答的方式引出本节课要开展的体育教学内容，增强教学连贯性。

2.课中教学阶段

体育课教学安排不同于文化课教学安排，其在本质上是理论教学、试验性教学和实践性教学相结合的综合性课堂，因此在课中正式授课时，很多阶段都可以加入微课的运动训练。例如，在理论教学阶段，教师可以通过演示型微课的形式，将与本堂课教学所用的器具或与运动要领相关的视频展示给学生，使学生通过最直观的方式了解并学习体育知识。

以"篮球单手投篮"微课为例，分析面向解决程序性技术问题的微课及其应用，凸显信息技术植入体育课堂的效力。篮球运动是高校学生教学的重点内容，对提高学生全身协调性有着积极意义。该课程的教学重点主要有原地单手肩上投篮（蹬、抬、伸、压、拨）、双手胸前传接球、传球（蹬腿、伸臂、拨球）、接球（迎球缓冲护球）等。在传统教学中，教师必须一遍遍演示，可往往教师已跳得满头大汗，仍有学生没有很好地掌握该项技能。原因在于动作的转瞬即逝和容易受突发状况影响等客观因素的限制，学生不能全方位集中注意力观摩教师的动作。而利用多媒体教学这一创新手段，就可以较好地突破教材的重难点，学生也可以不受时间和场地的限制反复学习直至掌握。

学生通过互联网可以无数次地重复观摩学习短而精的微课，而不受限制，这给了学生更大的学习自由度，从而提高体育课的教学效果。通过播放"微课"视频，展示超标准的技术动作，再配合简洁的讲解，环环相扣，巧妙借助信息技术解决了教学的重难点。对于一些难度较大的体育动作，教师课上讲解，学生于课前课后多次播放微视频，便可领悟动作要领。教师甚至可以在课上引导学生分组拍摄"微课"视频，课后制作自己的"微课"，学生把自己的作品与教师制作的"微课"进行对比，这种在玩中学习的方式，不但加深了学生对学习内容的理解，更为重要的是提高了他们的学习兴趣。通过"微课"突出了重点，简化了难点，教学效果可观，重点和难点的讲解问题也迎刃而解。此外，表演性微课在高校体育教学中也有运用的可能，只不过这类微课有其适用条件，不适合技能型体育课，适合以欣赏活动为主的教学，如大学开展的健美操体育课、啦啦操体育课等。

3.课外活动阶段

高校体育课并非课上教学结束就真正完结，其教育的目的在于使学生熟练应用某些体育技能，并能参与到课外活动中，因此高校体育课教学也需要将课外时间联系到高校体育课教学中。这种联系可以通过微课来实现，可以通过建立体育活动小组、安排课下探究活动等形式进行。依然以篮球课为例，篮球课程以学生熟练掌握篮球技巧为教学目的，因此课外延伸部分极其必要。可以通过微课引导学生自发形成合作学习小组，自发组织课外篮球活动，共同探究篮球的进阶技巧等。

在大数据时代，新型的教学模式不断诞生，体育也可以对传统教学模式进行创新，利用互联网平台进行课堂教学的拓展。把体育教学像网络游戏一样，划分为入门级、提高级、竞技级，把教学中的各个重点、难点以"微课"的形式拍摄制作成视频或简洁的 PPT，使复杂的体育教学内容变得生动直观，难点、重点的讲解也清晰明了，自由的时间、自主的学习内容更容易激发学生的学习兴趣。让学生参与体育学习内容的"微课"的制作并在网上展示，使学生积极参与到体育课堂中，培养学生善于观察、发现问题的能力，同时将学生课内课外的学习连接起来，增加学习的广度和深度。体育教学的创新改革有助于提升体育教师的专业发展。创新体育教学模式切合学生发展的实际需要，对整合优化教育资源、提高教学效率具有实际意义。

综合来说，微课在高校体育教学中的应用已经有一段时间，只是相应的专业理论还没有形成，未来微课在高校体育教学中的应用将更加成熟、更具合理性和科学性。

第四节 "互联网＋"与高校体育教学融合之手机运动 App

手机 App 是 21 世纪的新型产物，代表着时代的前进步伐。互联网的普及改变着高校的教学发展方向，随着互联网进入高校，越来越多的学生开始接触与应用互联网和手机 App，互联网与手机 App 在高校教学中将扮演着越来越重要的角色。目前，在互联网这个大环境下，学校体育教学改革结合互联网和手机 App 是有必要的。通过互联网和手机 App 可以改进体育教师的教学效率，改善教学方法，提高学生对体育的学习兴趣和爱好，培养学生自主学习和锻炼的意识，从而改变大学公共体育课原有的教学模式与方法，更好地让学生在体育课中得到健康和快乐。

一、手机 App 与体育类 App 动态研究

（一）手机 App 的定义

App 是 Application program 的英文缩写，现在多指智能手机、平板电脑等移

动终端上的应用程序，也常常被称为移动客户端。手机应用市场正迅猛扩张，如Android App store 和 Apple App Store 中的在线手机应用程序数量和下载量几乎每天都在增长，其中有面向个人消费者基本需求的产品，如满足购物、气象、旅行、导航以及微博、微信等用户基本生活需求的产品；面向行业应用和企业需求的 App，但这些 App 还处于起步阶段。[①]目前，食品、医疗、保健、旅游、环保、教育等行业开发了一些产业 App，教育类 App 主要有学堂型、题库型、词典型和工具型四大类。我国优秀教育类的 App 有网易公开课、沪江网校、作业帮、百度知道问作业、学生圈等。本书通过将手机 App 应用到体育教学中，研究与分析手机 App 在体育教学中的应用及对在校大学生公共体育课的影响与帮助。

（二）体育运动类 App

体育运动类 App 是指拥有记录使用者运动健身时的数据、指导各类运动项目的学习和锻炼、引领健康生活方式等功能的智能手机或可穿戴设备第三方应用程序，又被称为手机体育移动客户端。这里需要强调的是，查阅相关文献发现体育运动类 App 并没有一个明确统一的定义，本文借鉴的是相关学者提出较多的概念。本书所指的体育运动类 App 并不包括体育新闻、体育游戏、体育赛事视频、医疗健康等应用程序。体育运动类 App 比较流行的类型主要有跑步计步类，如 Nike+ Running、咕咚、乐动力、悦跑圈、春雨计步器、动动、虎扑跑步、Feel 等；有健身类，如 Keep、7 分钟健身、Fit Time、火辣健身、Men's Health 私教等；有日常记录类，如薄荷、瘦瘦、卡卡健康、益动 GPS、哒哒运动等；有分类教学类，如武吧、跳吧、趣游泳、跆拳道教学、懒人瑜伽、酷浪小羽、足球控、篮球热、台球会等；其他类型还包括约私教、约场馆等，如健康猫、趣运动、悦运动、爱动网、运动酷等。

随着科技的进步和移动互联网的不断发展，智能手机和平板电脑等电子产品引起了大学生的关注，已成为大学生的必备产品，他们下载安装了体育类 App 进行体育锻炼，打破了传统的锻炼方式，开启了大学生体育锻炼新模式。为了适应未来社会激烈的竞争和各方面的压力，大学生作为未来国家的建设者和接班人，必须拥有积极的心态和强健的体魄。大学生群体受教育程度高，追求个性，有自己独特的看法和观念，他们不仅是当前庞大的消费群体，也是未来具有发展潜力的消费群体。大学生作为体育类 App 的主要使用群体，热爱体育运动，有着高于一般同龄人的敏锐、视野和分析能力，将引领整个社会年轻

---

① 王子谦，黄琦.基于移动互联网的高校体育手机 App 设计初探[J].计算机产品与流通，2019(5): 242.

人的潮流。他们通过使用体育类 App 进行体育锻炼，有助于培养他们终身参加体育锻炼的习惯。他们通过体育类 App 以图片、文字和视频的形式分享他们的锻炼经历和感受，为大学生的体育锻炼提供学习经验。大学生使用体育类 App 对全面推进和加快我国素质教育的发展、促进高校大学生的健康、提高大学生体质、培养大学生体育锻炼习惯都具有重要意义。

（三）高校体育课与手机 App 的联动

"联动"是指"多种元素共同作用于外界"，有"联合行动"之意，它常用于数控机床操作中。相对来讲，"联动"注重若干要素个体对外界的作用及影响。根据以上解释，笔者认为：联动就是两个或两个以上的因素共同作用以影响其他客体，是一种联合作用的方式。"体育课与手机运动 App 联动"是学校引入社会网络科技公司所研制的手机运动 App，并针对学校自身情况制定实施方法监督指导学生运动情况，辅助公共体育课教学，促进学生主动参与体育活动锻炼，培养学生锻炼兴趣，增强大学生体质的一种新举措。其大致实施过程是学校对学生群体设置运动达标量，然后借助手机运动 App 对学生运动情况进行学期监测，监测范围包括课上和课下体育活动，监测到的数据纳入期末公共体育课考评。联动的实质就是公共体育课与运动 App 两大主体联合对大学生的体育活动的参与度及参与效果进行监测。

二、"互联网＋体育"对大学生体育参与的影响

大学体育教学作为大学生不可避免的体育参与场景，对学生的影响巨大，可能会对其体育价值观产生一定影响。所以，学校和体育教师如何在体育教学中渗透互联网思维对大学生参与课外体育具有重大影响。原因是，互联网可以突破时空限制，可强化体育学习效果，实现教育模式的多元化。

刘捷在教学实践中尝试使用移动终端教育技术，建立微信公众教学平台和QQ 学习群，结果表明基于互联网的移动终端教育技术提高了学生在课余时间参与体育的自觉性和积极性，还提高了学生的体育成绩，有利于促进大学生全面发展。"互联网＋体育"教育的优势表现在以下方面：互联网可以实现体育教学资源的共享，促进体育教育公平性，适应和满足不同学生的需求，突破时间和空间的制约，促进学生终身学习和终身体育。高校体育互联网教学的普及可以解决师资和场地不足等问题，具有专业技能技术的再学习效果好、时间和空间的利用率高、资源共享促进优势互补和质量提高、满足学生兴趣选择、引导个性化发展的优势特点。将 O2O 的概念与高校体育教学融合，可以更新体育教师教学理念，创新体育教学方法，丰富体育课程资源，激发学生的学习兴趣，使

教学课堂转化为翻转课堂，大学生学习方式转化为自主探究式学习，学习时空向课内课外一体化转变，学习资源转为教程的网络化，学习评价转为学习记录式过程评价。

还有一些学者对此提出了建议：基于互联网体育教学需要落实对学生体育学习和锻炼的服务，引导学生形成健康的体育学习和锻炼习惯，为学生的体育学习和科学的体育锻炼提供高效的、全面的知识服务平台。高校应该充分利用先进的互联网技术逐一解决各个问题，创新教学模式，引进新型的体育教学内容和方法，合理安排教学进度与节奏，同时高校要加强对学生体育学习的服务意识，培养大学生良好的体育锻炼意识。

大学体育文化在一定程度上影响着大学生的体育参与行为，"互联网＋"对大学体育校园文化的提升有着一定的影响。在"互联网＋"的影响下，高校体育文化氛围增强，社会文化与校园文化相互渗透加深，高校体育文化更开放、更自由。同时，面临着体育基础设施不足，制度规范化不健全及管理失位等问题。"互联网＋"在高校体育文化中占据着重要地位，可以使高校体育文化从"和而不同"到"校园大同"，使大学生从"被运动"到"自主运动"，使高校体育课程从"常规化"到"多元化"，传承与发展高校优秀校园文化。

大学体育社团是大学生自愿组成的，以开展体育活动为主的自组织学生群体，在大学生中有一定的体育参与辐射作用，其影响具有广泛性。"互联网＋"在体育社团日常管理、线上交流、线下活动等环节中扮演着重要角色，可以促进校内体育社团以及各高校体育社团之间的互动和联络。高校体育社团要顺应时代的潮流，发挥其独有的价值功能，利用移动互联网的特点，重构自身的价值功能，在移动互联网线上运动干预、增强学生体质、丰富校园文化生活、开展第二课堂体育活动、体育文化交流和社会教化等方面体现更大的价值，为高校体育的发展做出贡献。

"互联网＋体育"让处于互联网潮流前端的大学生受益匪浅，互联网对大学生的体育参与兴趣、体育参与态度、体育价值观、体育锻炼行为、体育参与习惯、体育观看行为、体育消费行为、体育知识等都产生了一定的影响。互联网可激发大学生的体育学习兴趣，挖掘他们的体育学习潜能，使他们更积极主动地参与体育活动，培养体育技能自主学习的能力，最终养成终身体育的习惯。互联网体育信息对改变大学生参与体育的态度和提高大学生运动技能有一定影响。体育类 App 的出现在一定程度上提升了大学生体质健康状况以及体育锻炼的积极性。"互联网＋"有利于促进大学生的个性化发展，增强其学习体育知识的主动性、积极性，同时缓解体育学习的压力；有利于复杂技术动作的重复学习和规范化；有利于激发大学生对体育运动参与的需求。"互联网＋体育用品购物"作为大学生购物的新形式，给大学生生活、体育锻炼带来了极大的便利，有助于更好地满足大学生体育锻炼的需求，最终促使其形成良好的体育锻炼行为和习惯。

在大学生"互联网＋体育"生活中，最常见的就是体育运动类 App 的使用，App 的便捷性和即时性对大学生参与体育锻炼有一定的促进作用。大学生应用体育类 App 参与体育锻炼的兴趣十分强烈，乐于在体育类 App 的激励机制、展示个性空间和社交渠道中获得成就感。科学合理地使用体育类 App 能够激发大学生的运动兴趣，提高体育锻炼的科学性，延长体育参与的坚持时间，提高锻炼的自觉性，减少限制和局限性，促进体育习惯的养成。其中，手机计步 App 的使用，可协助高校监督大学生运动情况，为高校制定合理有效的课外锻炼制度提供依据。例如，华中师范大学推出了学校专用体育 App——"华大 Sports"App，其采用了移动互联网开发技术，服务平台分为移动设备终端和服务器终端两部分。目前，该应用仍存在不足，需要在后期开发与推广中加以完善。

互联网正在通过体育教学、体育社团和体育文化影响着大学生的体育参与度。关于互联网对高校体育教学影响的研究较为成熟，但体育教学中的主体仍是体育教师，大学生只是作为被动受益者，学生最终的成长情况取决于体育教师的个人能力和素养。大学体育社团的互联网化对社员的体育参与度有很大的促进作用，但是其范围相对较小，受众大学生较少，有一定的局限性。大学生体育文化需要互联网的传播，更需要大学生自己投身其中。互联网平台和体育类 App 最终可激发大学生的体育参与兴趣和爱好，增强大学生的体育参与态度，促进大学生的体育参与行为，使大学生养成体育参与习惯，向大学生普及体育知识，促进大学生体育消费。

三、"互联网＋体育"背景下手机 App 使用策略

体育教学过程包括课前、课中和课后三个阶段。将三类手机 App 很好地应用到教学全过程，将极大提高学生学习体育的兴趣，提升课程教学质量。

（一）学习平台类手机 App 的使用

这类 App 以资源库为基础，要求教师提前上传课程相关视频、文档、图片等内容后方可开展教学。以学习通 App 为例，体育教师在使用此手机 App 时，需登录此 App 创建一个教学项目的课程，此课程可以是一个教学单元，也可以是整体课程单元。课程创建后，教师则需要将自己所制作的教学 PPT、章节内

容、学习资料以及作业等相关内容传至课程中，以邀请码的形式发送给学生。学生登录 App 后通过邀请码就可以进入课程进行学习。就体育课而言，首先体育教师可以通过此 App 开展翻转课堂模式的教学，课前根据具体的体育理论课程，利用学习通平台资源以及自制资源，以及体育专业学生乐于实践的特点，在课前与学生一起录制体育实践视频，学生对自己录制的视频兴趣浓厚。其次，在课程章节中发布学习内容，并布置学习任务。学生以任务为驱动，通过移动终端上网，观看教师所发布的视频并进行小组讨论，形成新的学习问题。学生也可拍制视频或将录制小组的讨论过程上传到班级。最后，教师通过学习通统计页面查看学生完成情况，进行问题汇总，调整授课内容并修改课堂教学设计。课中，教师需要通过多种教学方法激发学生课堂学习的积极性与创造性。加之，体育专业学生理论课学习两极分化情况较为普遍。因此，教师需要注意学生的不同层次，并根据需要进行个性化的辅导。针对学有余力的学生则可进行专题拓展与资料推荐，让学生在感兴趣的问题中继续深化学习。针对学有困难的学生，则需要与学生一起寻找学习效果不佳的原因，并制定针对性的对策，对学生所学知识进行巩固复习。课后，教师需要针对学生在课堂内学习的共性问题进行总结，将重、难点内容上传至学习通的平台，为学生后续巩固学习提供资料。学生利用教师提供的内容，对自己的上课效果进行自我评估，查漏补缺，拓展课堂所学知识。在课后巩固环节，最为重要的是师生要对课前、课中的学习各自进行反思，相互交流，促进教学效果的提升。此外，教师还需要对学生课前、课内的学习情况进行多元的形成性评价与终结性评价，对学生线上学习与线下学习进行综合评价。线上学习包括学生对教学视频的观看、作业测试、参与讨论情况等，线下学习则主要是课堂内的表现，即课堂内的学习情况。教师的评价对学生来讲，可以形成一种外在的动力，促进学生对学习情况进行反思与自我提升。而教师同样需要学生的多元评价。例如，教学视频的选用能否激发学生的学习兴趣、能否抓住课程重点内容、教学手段是否丰富、教学方法是否得当。双方形成一种合理的评价机制，可促进教学效果的提升。

（二）运动监测类手机 App 的使用

运动监测类 App 是以记录个人日常运动数据为主的，针对徒步或跑步项目的 App 居多。教师可以将此类 App 作为另一种教学辅助手段，或用其对学生在校期间的体质进行监测。以运动世界校园版为例，该 App 是一款综合运动平台，且符合时代需要和课程教学改革需要，其结合学校体质测试工作，被广泛运用于各大高校。学生进入 App 后选择相关任课教师进入该班级，随后点击"开始跑步"，选择每次跑步的公里数后，系统将随机分配跑步路线并生成若干个感应点位。学生则须沿跑步路线及点位跑步，跑完所选择公里数才可上传成绩。每天早上、中午、夜间总有很多学生成群结伴地在校园道路上跑步，尤以夜间跑步居多，形成了一阵跑步热潮。此外，教师则可以通过 App 查看学生的运动情况及身体素质情况，还可将学生这种碎片式长跑锻炼形式进行量化考核，作为考试的一种方式。此类 App 所反映出的监测数据还可作为身体负荷量评价指标运用于体育课课中的热身环节和课后的放松环节。

（三）广播影视类 App 的使用

广播影视类 App 以各类赛事的直播、集锦回放为主。以腾讯体育为例，打开该款 App 可以看到篮球、足球、法网等多项目的近期赛程，而且有世界杯、NBA、CBA、NCAA 等多个级别的赛事集锦。教师可以将此 App 运用在课前，即课程导入阶段，让学生观看实况比赛以激发学生学习该课程的兴趣，同时可以运用于战术教学环节，让学生通过观看比赛，分析技术动作、战术配合、比赛规则。2016 年腾讯体育启动了一场"校园疯会"计划，开展了一系列校园主题活动，为学生带来了"亲临 NBA 现场"的感官体验。腾讯体育为满足大家的心愿，将直播演播室直接"搬"到大学校园，将在"校园疯会"的现场观众面前即时解说东、西部决赛和总决赛第一场等 3 场赛事，让学生充分感受体育承载的文化和精神，使学生爱上体育课堂和体育运动，让体育课从此变得梦幻多彩、回味无穷。腾讯体育的"校园疯会"只是"互联网＋"趋势下的一个缩影，让体育文化与校园相结合，探索真正属于中国人的体育生活。

第五节 "互联网＋"与高校体育教学融合之"三通两平台"

网络信息的发展使人们的生活变得越来越便利，让地球变得越来越小，也让人们的联系越来越紧密。教育作为立国之本、民族兴旺的标志，更要融入网络时代。教育信息化就是教育与网络有机结合的产物，信息技术能够促进教育事业的快速变革，从思想理念上可以影响以及改变教育体制，"三通两平台"活动的开展可以有效地在学校、教师和学生中进行多层面的信息化，为教育信息化的实施开通一条道路。大学是体育能力的培养阶段、身体素质的快速增长阶段，因此加强体育信息化改革，促进信息技术手段在中学体育教学中的应用就显得尤为重要。体育教育信息化能够有效地汇集体育教学资源，解决因资源不均衡而产生的教育差异，增强地区间教师的交流与沟通，丰富教学内容与教学手段，从而提高人才培养的质量和促进体育课程的改革。

一、什么是"三通两平台"

"三通两平台"的本质就是为提高人才培养质量，增加人才培养效率，倡导将先进的信息技术与教育教学深度融合，加快推进教育信息化，促进教学模式的变革，因此"十二五"规划将"三通两平台"作为重点建设项目。"三通两平台"作为发展教育信息化的重要发展策略，对其建设及应用具有不可取代的作用与价值。

2012 年 5 月 28 日，在教育信息化试点工作座谈会上，时任中华人民共和国教育部副部长杜占元指出教育信息化的核心理念是信息技术与教育教学实践的深度融合，贯彻应用驱动的关键思路，将推进三大任务和两个平台作为工作重点。其中，解决各类学校的网络连接，建立学校基本的网络教学环境；优化教学资源，使各班级能够享用教学资源以及实名建设网络学习空间；个人自主学习与教学交互辉映成为教育信息化建设的三大任务。两个平台指教育管理公共服务平台和教育资源公共服务平台。总的来说，宽带网络校校通、优质资源班班通和网络学习空间人人通，教育管理公共服务平台、教育资源公共服务平台，就是我们所说的"三通两平台"。

2012 年 9 月，刘延东在全国教育信息化工作电视电话会议上，详细分析了我国教育信息化所处的地位以及发展状况，明确指出教育信息化建设的重要性、所起的作用以及今后建设发展的方向和道路。她还提出要以"三通两平台"为抓手全面推进教育信息化建设，即要明确教育信息化的发展导向，使建设所产生的教育价值切实落到教师与学生身上；教学资源要精准，重视其建设的差异性；加快学校硬件基础设施建设，推动"宽带网络校校通"；重视软件质量，加快内容建设与共享。推动"优质资源班班通"，逐步深入推广教学方式与学习方式的变革，推动"网络学习空间人人通"，建设教育资源和教育管理两大"公共服务平台"，为其提供坚实支撑。正是因为这一系列系统的建议，"三通两平台"才被正式确立。

"三通两平台"是我国教育信息化建设"十二五"的核心目标与标志工程，"三通"是指宽带网络校校通、优质资源班班通、网络学习空间人人通。"校校通"通的是宽带网络，是基础设施层；"班班通"通的是优质教育资源，是常规教学应用层；"人人通"通的是实名制的网络教与学环境，是个性化学习服务层。从校、班、人这三个层面的依次深入，更是代表了信息化发展的历程。从基础设施建设到资源教育教学应用再到基于数字学习环境的教学与学习，展现了其全面融合的发展与建设目标。"两平台"指的是教育管理服务平台，教育资源公共服务平台。"三通两平台"具有三个层面的结构体系，最底层是基础设施层，为省级数据中心的建设；中间层是运行于省级数据中心的教育资源和管理服务两大平台；最顶层是应用层。每一层的目标各不相同，底层目标是为教育资源公共服务平台和教育管理公共服务平台提供基础的运行环境。中间层是"三通"工程中的信息系统层，通过平台中的信息系统，为各级教育行政部门、各级各类学校和教师、学生、家长提供教育资源、教学沟通、教育管理等服务。最顶层是各级教育行政部门，各学校和教师、学生、家长通过对平台所提供的服务深化应用，实现校校通、班班通、人人通，也就是实现信息技术与教育教学深度融合。

"三通两平台"是时代进步而产生的教育产物，众多学者对其进行了深入研究，它能够有效地推进教育信息化的发展进程，可以使教育信息化惠及各个地区、各个学校、各个班级以及各位学生，也是教育信息化发展的重要依托。

二、体育教育信息化

信息技术时代，教育行业正向着教育信息化的方向靠拢，体育教育也朝着体育教育信息化的目标大步前进。但是，受体育学科自身特点的限制，在体育学科中使用信息技术，教学目标、教学内容等需要满足一定要求，且实施起来具有一定难度。教育信息化的特点可以让体育知识的传授变得多样化、简易化。学生可以在教师的引导下多渠道、快速地获取各种体育知识。因此，教师可以将更多工作放在学生体育技能的锻炼和发展上，并且可以运用先进的科学技术，科学地制订合理的运动方案，通过各种仪器和设备采集、记录运动的各项指标，再有针对性地提出最合理的运动策略，使体育教学变得智能化、科学化，让体育教学以及训练手段与方法向信息化靠拢。推进体育教育信息化，要重视应用性教学，将信息技术融入体育教学中，体育教师是信息技术的使用者和信息化的推动者。应提高体育教师的信息素养，强化信息意识，以教育为切入点，把学校信息技术环境建设作为提升平台，把跟踪评价平台和激励机制作为提升动力，构建一个相辅相成的培训制度和教育培训体系。充分发挥教师在体育教育信息化中的作用，增强体育教育工作的信息意识，支持教职工加强计算机应用技术的学习以及正确引导学生合理使用网络体育信息资源进行学习。

体育教学由于其特殊性，不仅要传授体育健康知识，还要教给学生基本的运动技能，并且体育教学多以技术类教学为主要内容，单一性的技术动作可由体育教师直接演示，直观地展现在学生面前。但是，对于多方向、多空间的复合性技术动作，教师无法详细、直观地展现给学生，信息技术可以有效解决这类技术教学的困难，可以从多方位分析技术动作，通过慢动作进行技术动作的教学，进而提高技术动作教学的准确性，提升技术动作的学习效率。在体育知识健康课程的教学中，运用信息技术可以摆脱传授教学的弊端，如书本知识传授的静态性、口述性等。运用多媒体设备可观看不同的健康知识教学视频，使学生更加直观地学习体育知识，活跃课堂氛围，增强学习兴趣，提升教学效率。此外，体育课堂还有一项重要的内容就是要把控课堂强度，控制运动负荷以防突发事件的发生，信息技术可有效地监测学生的心率、脉搏，并及时反馈给教师，使体育教师有效调整课堂内容，合理安排运动量，控制运动强度，让课堂变得更加科学，练习更加有效。

三、高校体育信息化建设情况

（一）"宽带网络校校通"建设情况

"宽带网络校校通"是以学校为主体建设宽带网络，使学校可以在网络条件下进行教育学习的教学环境，是"三通两平台"建设的基础部分，是实现"优质资源班班通""网络学习空间人人通"的重要保障，只有网络通畅才能使教学资源顺利到达各个学校各个班级，让教师和学生获得不同地区的教学资源，实现资源共享。

如果将教育信息化实施与应用比喻成一条运输链，那么国家各项政策就像是一条条宽阔的道路，教师就像是运送货物的司机，学生就像接收货物的各个站点，各类的资源就好像车上的货物，多媒体、网络就像是运送货物的卡车。多媒体、网络就像是一个个载体，正是这些载体将各类资源信息传送到各个地区，将其紧密地联系成为一个整体。因此，对学校硬件设施的研究显得尤为重要。

1.多媒体建设情况

通过深入各大高校调查研究发现，有近57.69%的高校全部教室配备了多媒体设备，近42.31%的学校部分教室配备了多媒体设备。由此可以看出，所调查高校基本都配备了多媒体设备，这样就为信息化教学提供了条件，可使教师进行信息化教学。但是，进一步观察发现，学校并不是所有教室都配备了多媒体设备，部分教室没有配备多媒体设备，这就造成了资源分配的不公平，也增加了教师在实施多媒体教学中的阻碍，从而影响了教育信息化的进程。

2.宽带网络建设情况

网络是教育信息资源传播的主要途径，通过调查发现全国中大型城市内的高校均已完成宽带网络建设，达到了互联网接入率85%的要求，随着信息技术的发展，无线网络可以变得更加快捷有效。通过更深一步的调查分析发现，17.31%的高校仅在办公区覆盖了无线网络，约8.3%的高校只在教学区域覆盖了无线网络。部分学校没有全校覆盖无线网络主要是考虑到学生的在校学习质量，但是体育课大部分时间都是在操场上进行的，全覆盖有利于教师进行技能教学时利用平板电脑进行信息化教学，方便教师随时播放技术动作视频，从而提高技术动作的正确性，丰富教学手段，活跃课堂氛围。

3.网校建设情况

网校是教育信息化建设的重要组成部分，更是"三通"中宽带网络校校通的重要表现形式。网校是以网络传播为媒介，实现校外教育与学习的教育平台，通过互联网帮助学生在校外学习，教师在校外教育与办公。只要具备上网的条件，就可以通过互联网不分时间、不分地点地进行教育办公与自主学习。网校打破了传统教育与学习在固定地点、固定时间段进行的常规手段，打破了教育的时空限制，使教育更加方便快捷，师生沟通更加及时有效。这也是综合性的教育模式与体制。

建设网校不仅可以有效增进师生间的沟通与交流，提升学习效率，还可以加强教师之间的交流，活跃学术氛围，提高教育资源的流通效率，优化教学内容，提高教学质量，并且方便教师教务管理，使信息传输更加快捷，提高工作效率。

网校更是一个学校的明信片，可以用来宣传学校特色，传播学校文化。通过网校建设可将学校教学特色、"明星"教师、管理理念等一系列学校特有的东西展现出来，提高学校知名度，增强教师对学校的责任感和使命感。

通过中国现代教育网免费校园网校建设网站调查发现，单从数量上看，目前我国高校网校建设情况很好，网校普及程度很高，但研究发现，网校建设质量不高、千篇一律，内容建设严重不足，无法满足教师、学生在校外学习的需求，部分网校的学习园地、教学资源等板块均为空白，其网校建设仅仅是罗列了几位教师的简介及政策文件，并无教育学习方面的实质性内容。

（二）"优质资源班班通"建设情况

"优质资源班班通"是以"宽带网络校校通"建设为基础而进行的建设，其目的是使课堂教学能够使用优质数字教育资源，提高教学质量，促进教育均衡发展。所以，大量优质的教学资源是"优质资源班班通"的基础和保障。

"一师一优课，一课一名师"的活动是中国教育信息化实践中不断创新的产物，能有效地促进教育信息化建设及发展。其目的在于以应用为导向、以资源为纽带、以教师课堂应用为中心，促进优质教育资源普及共享。它也是教育信息化工作整体推进的重要抓手。实际过程中的应用是教育信息化的关键环节，其应用的主体主要是教师与学生。其中，教师是领路人，只有教师勇敢地走出第一步并且走好了第一步，才有可能带动学生。而且，该活动是用互联网思维构建资源体系的新模式，使每位教师不仅是浏览者，还变成了创造者，让每位教师通过网络将自己的个性与智慧充分展示出来，惠利于每一位教师。该活动是促进课程改革的有效途径，能有效地促进教师不断探索新的教学手段，并且可以汇集众多教师的智慧，能提供丰富的教学内容和教学手段。

第七章　不同视角下的体育教育概述

第一节　人类发展视角下的体育教育

一、人类生存需要与体育

美国心理学家马斯洛提出了需要层次论，深刻地揭示出人类自身需要的本质。人类五个层次的需要与人对体育教育的需要本身有着内在的联系。这是体育教育本质功能的表现，无论是自我价值实现、自我尊重的需要，还是自我安全、社交的需要，都与体育教育有着广泛的联系。

人类的生存需要除了人能动地改造物质世界以满足自身外，还有人类生存需要所反映出的客观性，人不得不受到由生存条件、生存能力、生存方式所决定的生存状态的影响和制约。人类如何生存发展，这就需要解决人类怎样掌握生存和发展所必备的知识、技能以及形成各种本领、养成良好习惯等问题。体育教育应在解决人类所需的这些实质性问题上发挥自身的独特作用。体育教育从目的来看，应是为人类身心健康与人的发展服务的；从过程来看，应是一种有效地掌握体育基本知识、技术和技能体育以及卫生保健常识、技能的学习过程，是一种教与学的过程；从内容来看，应包含人类生存与发展所需要的各种生存能力的形成与提高的内容。

每个人都具备基本的活动的能力，不过这些活动仅仅是运动的原始状态，包含了体育运动要素中的一些，而不是全部。它与自发的本能需要有关，并未构成科学性体育运动。它的本质理应是让人们通过一般教与学的活动过程，掌握知识、技能以及科学锻炼身体的方法，学会人类生存与发展所必备的某些生活能力和本领。只有这样，才能达到体育为人类生存发展服务的终极目的。体育教育过程应是一种理论、实践、再理论、再实践的过程。将人们掌握的体育知识、技术和方法以及体育卫生保健常识和技能运用于体育运动实践和人类生活实践，这是体育教育的根本特征。

人的需要与人对体育教育的需要有着多方面的联系。随着社会的进步，体育（广义）功能也在不断拓展。这种拓展意味着体育教育与人们在社会生活方面的联系日益加强，意味着体育教育在满足人类生存与发展的需要方面，无论在广度上还是深度上都在不断地拓展。这就要求人们在体育教育发展中，充分考虑社会需要与个人需要的结合、物质需要与精神需要的平衡、短期需要与长远需要的兼容等问题。从现阶段社会发展的趋势看，学校体育的着眼点应放在培养学生的生存能力、自我指导锻炼能力、体育运动能力等方面。其中，学校使学生学会和掌握各种基本的生活技能，养成各种良好的生活习惯，这对于学生适应生活、更好地生活具有重要的现实意义。

二、健康生活与体育

加拿大籍华人、加拿大皇家医学院院士、世界知名儿科专家谢华真教授提出了"健商"的概念。"健商"强调的身心健康其实是指通过自我保健取得最佳的健康状态，使身体达到最佳的状态。从"健商"的角度上阐述，健康状况良好是指人身体上、精神上、情感上、信仰上、生活环境和社会环境上的状况良好。它既指人类所有生存因素上的健康，也指生命质量的良好。这里所说的"健商"与世界卫生组织（WHO）所定义的健康概念（健康不仅是免于疾病和衰弱，而是保持身体上、精神上和社会适应方面的完美状态）是相吻合的。所以说，增进健康本身是一个系统工程，健康受到人的身体、心理和社会等多方面的影响。

体育在增进健康、改善生活方式、提高生活质量等方面，发挥着越来越明显的作用。有人曾经这样说：一个人如果有一个美满的家庭，是一个0；有一位美貌的娇妻，是一个0；有一双孝敬的子女，是一个0；有私家车、别墅洋房、银行存款等，分别是一个0；只有身心健康，才是一个1，这些0只有排在1的后面，才会形成价值，否则还是一个0。这就是说健康是第一位的，它可以给你的一切赋值，也可以剥夺你的一切。可见，身心健康在人的现代化的过程中始终起着基础性的作用。从做一个现代人、健康人的角度来看，体育发挥着重要作用。

体育对增进人类健康有着独特的贡献。有研究指出，适量的体育运动为人体健康带来的好处表现在以下几个方面：增强心血管功能；消耗体内脂肪（控制体重）；增加骨的密度（防止骨质疏松症、降低骨折的可能性）；提高高密度脂蛋白胆固醇（又称良性胆固醇）的含量，降低甘油三酯的水平；降低血压；减少血小板凝集（血液凝块）；增加葡萄糖耐量，提高胰岛素敏感度；降低心肌对紧张激素的敏感度；减少上呼吸道感染的发生；预防癌症；延缓衰老，延长寿命。

体育运动不仅对人体生理机能的改善有着特殊作用，还在促进人的心理健康方面有着特殊作用。从心理上讲，体育锻炼有缓解压力的作用，能保护心血管和免疫系统免受压力的影响。经常锻炼是对付焦虑的有效办法，它治疗轻、中度抑郁的效果被证明与心理疗法的效果相同。研究发现，长期锻炼能够改善心情。凡是令人愉快的锻炼都能使人得到情绪上的改善，有助于缓解生活压力。体育活动是放松的重要方法，能缓解日常生活的压力，防止压力致病。可以说，体育活动是快节奏生活中的心理调节器。

体育运动是一种能给人带来丰富情感体验的活动。在体育运动中，人们追求积极向上的荣誉感和人与人之间相互交往的亲和感。体育运动向人们提供的情感体验是复杂多样的，满足了现代人对情感的多方面需求。在社区体育里，人们可以得到对集体、社团的信赖感、依托感；在家庭体育里，成员们可以在和睦欢乐的气氛中，享受天伦之乐，获得归属感和稳定感；在休闲体育里，人们能感受到愉悦感和快感。由此可见，体育运动是人们情感方式现代化、行为方式现代化的积极渠道。

未来社会是知识密集型的高智能社会，知识不断更新，竞争日益激烈，需要大批具有健康体魄、创造精神和开拓精神的人，体育对培养锻炼这种人才有着独特和重要的作用。富有挑战性的竞技运动成为人们文化活动的重要内容，使人们受到精神鼓舞，增强征服自然、改造自然的信心。知识经济时代是一个物竞天择、适者生存的时代。体育运动可以培养人们"重在参与""公平竞争"的良好意识和品德，以及勇于探索、乐于创新的积极心态。因此，长期坚持体育学习和运动，有利于形成"健康第一""公平竞争""开拓创新"等积极向上的价值观念。

现代文明的历史是人类不断征服自然、改造自然的历史，即"自然的人化"的历史。随着现代生活方式的改变，人类日益意识到自己与自然的疏远。尊重自然、热爱自然、崇尚与大自然融为一体，成为新世纪人们生活的必然选择。与此相适应，产生了大量的非功利性的体育项目，如漂流、定向越野、攀岩、探险、登山等，极好地满足了人们挑战自然、挑战自我的需要。

超越自我、完善自我是体育运动与生俱来的理念。经常参与体育运动有利于培养人的创新精神，从而使人保持乐于接受新鲜事物、积极创新的良好心态。参与体育运动，是人们抒发情感的积极而良好的方式。

因此，就人的持续发展而言，身体的健康与否不但影响其一生的发展，而且直接影响着下一代人的健康问题，这也是可持续发展所关心的代际、代内协调发展问题。

三、文化素质与体育

体育是人类独有的社会文化现象。众所周知，一切动物都会运动，一些动物甚至具有相当高的运动素质和技巧，但是其运动完全出于自身生命本能，其运动方式仅受它们所处的自然环境的影响。所以，动物的任何运动都不能视为体育，而人则不同。人是自然界中的一种很平常的、器官功能上存在很多不足的物种，如力气比不上和他同样大小的大多数动物，视力、听力、嗅觉比某些动物更差，也没有某些动物所具有的坚硬的甲壳、强有力的爪牙。因此，人不能像其他动物那样完全依靠具有特定功能的器官本能地生存，而必须运用自己的智慧制造和使用工具，改造自然环境，使自然界为自己的生存和发展服务。同时，还要积极地通过身体运动改善自己的身心机能，使其提供某些类似于其他动物的生存技能（如能跑善跳、攀登、游水、爬越等），从而在一定程度上强化自己器官功能的弱势，扩大活动范围。可见，人类的体育不仅仅是出于动物本能而进行的运动，还是人类在漫长的生活和生产过程中，通过专门设计的身体运动和游戏，达到增强体质、提高竞技水平和丰富社会生活的目的的一种独特的社会文化现象。

正因为体育是一种独特的社会文化现象，所以它才能在人类社会长期存在和不断发展，得到了不同民族和国家人们的喜爱和广泛的认同，而且发展的空间、影响和作用也越来越大。这充分说明了体育对人类社会有着重要的作用，具体表现在增强人们的体质，强国强种；培养人们勇敢顽强、克服困难、超越自我的意志品质；培养人们竞争、团结、协作的社会意识；丰富个人和社会的文化生活，提高人们的生活质量；为社会提供和构建公平、公开、公正的价值体系和价值标准。在现代社会，体育的社会化功能日益受到重视，身体教育、运动教育是传授生活技术、技能的重要手段。体育运动向人们提供了社会规范教育的场所和实践社会规范的模拟机会，不仅可以引导人们融入社会共同的价值观念体系，还可以给学生分配"社会角色"，提供尝试社会角色的各种机会，促进其个性的形成和发展，促进人的社会化。

第二节　科技发展视角下的体育教育

现代科学技术已经渗透到体育运动的各个领域，成为推动体育发展的重要因素。科学技术是第一生产力，科学技术发展水平在一定意义上决定着各种社会活动的发展进程。没有伴随着工业革命产生的一系列科学技术革命，现代奥林匹克运动就不可能产生。没有近一个世纪以来，特别是二战以后世界科学技术的飞速发展，体育运动也不会有今天的这种规模、辉煌和影响力。

一、科学技术与体育的关系

（一）科学技术促进体育发展

在现代社会中，科学技术已经成为第一生产力。体育作为一项重要的社会文化现象，在运动技术、体育设备、体育价值观念发展方面无不受到科学技术的强烈影响，无论是从提高体育运动的竞技水平，还是从提高运动员的健康水平，建立科学、文明、健康的生活方式，更新人们的体育观念，都离不开科学技术的支持。

1.科学技术对运动技术的推进作用

现代科学技术的迅猛发展对体育产生了前所未有的影响，科学技术已经成为决定当代体育发展的重要因素。"背越式跳高"技术、"高航式"蛙泳技术、"弧旋球技术"等的发明都给各自的运动项目带来巨大的改变。新材料、新器械的使用引起了技术动作的革命性变化和运动成绩的大幅度提高，如射箭运动用的弓、箭，速滑运动使用的新型活动刀托，"塔当跑道"，用玻璃钢尼龙制成的"撑竿"以及"鲨鱼皮"泳装等，对竞技运动的发展产生了巨大的推动作用。此外，现代科学技术对运动技术的诊断、创新也起到了积极的作用，为运动技术的身体姿势、动作轨迹、动作时间、动作节奏等结构要素的分析、诊断提供了切实的保障，并为技术的改进与创新奠定了基础。

2.体育设备的科学革命

随着科学技术的不断发展和广泛应用，科学技术也越来越广泛地向体育器材领域渗透，出现越来越多利用新材料、新技术、新工艺制作的先进体育器材设施。科学技术的进步使许多依赖运动器材进行的比赛项目有了较大的发展与提高，如塑胶跑道、人工草皮等都是科技在竞技体育中的运用，也为人类在体能、技能及其他方面挑战极限提供了便利条件和可靠保证，显示了科技在竞技体育中的威力。另外，现代科学技术促进了运动训练器材的发展，如网球机器人、乒乓球发球机、柔道机器人、摔跤机器人、拳击机器人的成功研制与广泛应用，使训练的效率得到明显的提高。高原模拟训练房通过控制氧气浓度等手段，可以模拟海拔500米至5000米的高原低压低氧的训练环境。这些新的设施与技术能够帮助人们科学地、动态地掌握各种训练数据和参数，为运动技术的提高和制订科学、合理的训练计划提供了有力的支持，从而提高了运动训练的效果。

3.科学促进体育价值观念改变

体育价值观念是指社会个体以自我为中心对体育存在的评价的总和，是人们对体育这一社会现象的价值取向。生存环境的严重恶化、资源的枯竭或短缺、土地的沙化和"城市病"的大规模蔓延，造成严重的社会问题，引起人们深刻的反思，也影响到社会的良性运转和人类自身的健康发展，所以体育界顺应时代发展，提出了"绿色体育""生态体育""可持续发展的体育"等概念；由于知识、信息在社会发展中的突出地位与作用，又有"知识体育""信息体育"的新提法；日益发达的网络技术对社会和体育也产生了重要影响，因而又出现了"数字化体育"的概念。这些新的概念与提法都顺应了科学技术的发展。

（二）体育与科学联姻形成体育科学

现代体育科学是随着现代体育和现代科学技术的发展而兴起的。伴随着19世纪末工业革命而进入现代体育新的历史阶段之后，越来越多的现代科学技术被应用于体育运动。无论在提高竞技体育的运动技术水平方面，还是在促进青少年德育、智育、体育的全面发展和保持人类健康水平、防治各种"现代文明病"等方面，许多学科（如医学、解剖学、生理学、生物力学、生物化学、运动学、社会学、心理学、教育学、哲学、美学、伦理学、法学等）都为了解决体育运动中所面临的问题而与体育结合，逐步向体育科学渗透，形成了体育科学中各个学科的专门知识体系，如体育教育学、体育社会学、体育哲学等。

（三）科学的发展赋予体育重要的地位

科学技术的发展推动了社会各个领域的进步，将人们从繁重的体力劳动中解脱出来，用脑力劳动代替了体力劳动。随着科学技术的发展，人类的物质生活水平有了很大程度的提高，同时"现代文明病"也开始出现。为了解决"现代文明病"，体育健身功能被提到前所未有的高度，群众健身热潮一浪高过一浪。

科学技术变革引起生产方式变革和劳动结构的变化，从而大大提高了生产效率，使人们有了更多的闲暇时间。闲暇时间是开展社会体育活动的重要前提。在闲暇时间里，人们把参与体育健身视为一种时尚和潮流，因为参与体育健身可以满足强身健体、愉悦心情、交流沟通、融洽邻里关系等要求。

科学技术发展推动社会经济发展，为体育尤其是奥林匹克体育的发展奠定了强大的经济基础，使全世界刮起了奥林匹克风。在科学技术和现代媒体的作用下，这股体育风吹进了世界上的每一个角落。世界的发展离不开体育，在欧美一些国家，体育产业已经成为国家经济的支柱性产业。

科学技术和现代媒体加快了体育的传播速度，使人们的生活更加精彩纷呈。

过去人们不曾看过的、不曾想过的一些精彩体育运动，人们通过现代媒体都可以看到，体育已经成为人们生活中不可或缺的重要组成部分。

二、体育科学化的作用

（一）体育科学化有利于促进体育发展

1. 科学技术进步促进竞技体育运动的发展

计算机技术、材料科学、生物力学、现代心理学和生理学等现代科学技术在竞技体育中的广泛应用，在运动员动作设计、动作分析以及身体素质的提高、伤病恢复等各方面给予运动员巨大的支持，对运动员成绩和比赛水平的提高起到了关键性的促进作用。另外，科学技术革命成果也对竞技体育的科学管理产生了很大的影响，计算机等现代信息技术手段已经被大量应用于体育赛事和体育组织的管理中。

2. 从体育发展史中看科学技术革命的推动作用

人类古代的体育活动中比较具有代表性的是古希腊的奥林匹克运动会，从公元前776年一直持续到公元393年结束，前后共经历了1000多年，它是现代奥林匹克运动的渊源。在古奥林匹克时代，人类的生产力水平还比较低下，科学技术还未成为人们解释自然现象、推进生产力发展的主要方式，体育运动也往往与宗教活动联系在一起。随着人类科学技术水平的不断提高，科学逐渐开始影响人类生活的方方面面。无论是劳动工具、劳动对象，还是农耕纺织、天文星象，都受到了影响，当然也包括体育活动。19世纪初的第二次科学技术革命使电气化、机械技术和通信技术广泛应用于人们的生产与生活中，由此引起的产业革命大大提高了人类的物质生产力，使人类文明向前迈进了一大步。而正是在这种基础上，体育才摆脱了长期的禁锢和束缚，取得了伟大的突破。20世纪是科学技术以前所未有的速度发展的世纪，以计算机技术、核能技术和航天技术为代表的人类第三次科学技术革命深深地改变了人类的生产生活方式，使人类文明获得了空前的发展。依托于这种力量，体育也呈现出一种加速发展的态势。21世纪初，信息技术和生物工程的蓬勃发展又揭开了人类第四次科学技术革命的序幕。纵观当代体坛，竞技运动场早已不仅仅是运动员们之间的斗智斗勇，更是各国各队科学技术水平的角力。科学技术的高度发达带给人们越来越多的财富与余暇，使广大民众能够走上运动场，享受体育带来的快乐。

3. 科学技术进步促进群众体育的发展

群众体育追求的是社会体育人口的增加和国民体育素质的增强，因而群众体育通常有着较为简单易学的形式、便于开展的内容，以便在民众中普及。就群众体育运动形式本身而言，它对科学技术含量的要求并不高，但这并不意味着科学技术对于群众体育的发展没有意义，相反，它仍然以其无所不在的力量影响着群众体育的发展进程。

（二）体育科学化有利于发挥体育功能

教育和强身健体功能是体育最主要的功能，其中体育的教育功能更为重要。在不同的时代，体育被社会赋予的教育意义也有所不同。对年轻人来说，体育的教育功能就是要让学生爱党、爱国和为国争光；就是要让学生学会吃苦和磨炼意志，接受党和人民交给的光荣任务；就是要让学生加强体育锻炼、努力学习，以迎接未来的挑战。

随着体育科研水平和体育科学化程度的提高，人们对自己的身体有了一个比较科学的认识并能合理科学地参加体育锻炼，实现体育的健身功能；随着体育科学体系的逐步完善，竞技体育、群众体育、学校体育的训练方法、手段、运用的科学技术，实施的体质检测分析等方面越来越科学化、系统化，更加凸显了体育育人功能的整体性、全面性；随着科学技术成果在体育领域的广泛应用，人文科技的体育器材更适合人类健身，各种体育媒体加快了体育的传播速度，延伸了体育传播的广度，使人们在选择体育活动时有了更大的选择空间。这些都有效地促进了体育功能的发挥。

（三）体育科学化有利于实现体育教育目的

教育是 21 世纪的主题，没有教育，就没有人类的发展和进步，人类正是在不断发展中总结经验，把经验转变成科学知识、理论，再用科学的知识、理论指导人类向前发展的。国际奥委会主席罗格先生强调说，奥林匹克运动开展的最重要的目的就是教育。19 世纪末和整个 20 世纪，科学的发展极大地推动了教育的发展和进步，使人类知识成裂变式骤增。在这样的条件下，靠传统的教育方法和条件已经不能解决人类知识的传承问题，这就要求运用现代科学的手段、方法和先进的教育设备实现教育科学化，最终达到教育所提出的更高的要求。体育教育作为教育的重要组成部分，同样需要科学技术的支撑，才能更好地实现体育的教育目的。

三、加快科学技术向体育转化，落实科教兴国

国际竞争表面上是军事、经济等领域的竞争，实际上是科学技术的竞争。科学技术的基础是教育，教育的最终目标是培养德、智、体等全面发展的人才，而体育则是培养合格人才不可缺少的重要手段。

有人把国际的体育竞赛比喻成无硝烟的战争，尤其在奥运会金牌的争夺上，各国都使出浑身解数，用尽各种科学技术手段来提高自己国家的实力，所以这种比喻一点都不为过。实际上，体育金牌竞争的背后也是经济实力和科学技术的较量。

现代体育分为竞技体育、群众体育和学校体育。

竞技体育因过分追求竞技水平，挖掘人自身的潜能，在很大程度上已经背离了强身健体的意义，成为可具观赏性的政治工具；因为吸引眼球，符合赚钱的需要和国家政治的需要，在竞技体育的科研上各个国家不惜投入重金，并使用其他各种科学技术手段，以提高竞技水平。但竞技体育的教育作用也不容忽视。竞技体育每项新的成绩、新的纪录、新的高难技术的诞生，既作为一种人体文化，记录着人类的潜能，也记录着社会经济、政治、科学、教育的发展程度。在竞技体育中提倡的公正、民主、团结、协作、谦虚、友谊、诚实等道德观念对青少年乃至全体社会成员都具有教育意义。

群众体育是群众强身健体、消遣娱乐、追求时尚的体育，呈现出社会化、娱乐化和终身化的特征。体育运动曾经是贵族的运动，随着科学技术的发展，劳动生产率的提高，人们有更多的余暇时间参与体育活动。随着物质生活条件的改善和提高，一些本来只有上层阶级能参与的运动（如网球、高尔夫运动）也逐渐走向群众。虽然国家对群众体育越来越重视，但在群众体育的科学技术投入上与竞技体育相比依然相形见绌。群众体育活动大多是体育社区或体育民间协会的成员自娱自乐的活动，只有在举办大型体育活动时，群众体育活动才相对组织化。群众体育的教育功能主要体现在强身健体、缓解压力、加强沟通交流、继承传统体育文化等方面。而在这样的背景下，国家很少对群众体育进行科学技术投入。因此，政府和社会应该加大对群众体育的科学技术和资金的投入力度，改善群众体育条件，充分发挥群众体育的教育作用。

虽然在中国改革开放的浪潮中，学校体育不断地被赋予促进学生身体健康的使命，但它被边缘化是不争的事实。为发挥学校体育的作用，实现学校体育促进青少年学生健康发展的使命，笔者认为，首先要重视学校体育，把重视学校体育的条例、法规、政策落实到一线执行人、责任人身上；其次要加强对学校施行相关文件的监督力度，使学校体育工作落到实处，并使其行之有效；最后要把学校体育与科学紧密结合起来，发挥体育在学校教育中的作用。体育是一门科学，学校体育是体育科学中的一部分。只有把学校体育知识、技术、训练手段和方法科学化，学校体育才能大有作为。

第三节 社会发展视角下的体育教育

一、体育终身化——全民健身与高校体育

（一）终身体育

终身教育思想是 20 世纪 60 年代联合国教科文组织终身教育处长保罗·勒格朗提出的教育思想，是指人一生中不断接受身心教育的过程。其核心是"个人要学会生存就必须按终身教育的理论来安排自己一生的学习、工作、闲暇和退休生活，只靠学校期间学到的知识和技能已不能适应经济和社会发展的需求"。按照终身教育的观点，体育不应该在正规学校学习结束时便终结，而是每个人终身锻炼的全过程，是学校体育阶段与走出学校后体育阶段相联系的桥梁。①

（二）全民健身

"全民健身计划"是一项在国务院和地方政府领导下，由各级体育部门和有关部门共同负责实施的依托社会、全民参与的、宏大的社会系统工程。其目的在于促进社会主义物质文明和精神文明建设，形成崇尚健身、参与健身的社会风气，提高生活的质量，增进国民健康，提高综合国力水平。学校体育是实施全民健身计划的重点，是社会主义教育的组成部分，是全民体育的基础，对建设社会主义精神文明起到积极的作用。

（三）全民健身与高校体育的关系

学校体育在完善人类体质的体育系统工程中占有重要的位置，是进行终身体育的重要环节和基础。在学校体育中，贯彻终身体育思想的核心是培养学生的各种能力，并为培养 21 世纪所需要的合格人才起到积极的作用，为终身进行体育锻炼打下良好的基础。

学校教育的对象绝大多数是青少年，如果青少年的体质增强，就能从根本上提高我国人民体育与健康水平，从而全面提高民族素质。因此，抓好学校体育工作，不仅能促进学生身体的正常生长发育，增强体质，还能培养他们对体育的兴趣、体育锻炼的习惯，发展运动能力，为其在走出校园后的阶段进行体

---

① 刘飞. 从终身体育教育观看我国高校体育生活化发展 [J]. 科技资讯，2017，15(17)：236-237.

育锻炼打好基础，换言之，为学生终身进行体育锻炼打下良好的基础。

学校体育的发展可以扩大体育人口。搞好学校教育，不仅可以使学生受到良好的体育教育，还可以扩大我国的体育人口，促进体育社会化。这对推动我国体育运动的普及、促进全民性健身运动的开展都具有积极作用。

学校体育的发展可以为全民健身运动提供一定的物质基础。体育场地、器材、设备是开展体育工作的物质基础。目前，我国体育设施远远不能适应体育事业发展的需要，有些学校的体育设施比社会上的企事业单位、机关团体的体育设施要好得多，而且随着学校体育工作的进一步发展，必将更加完善。这些场地、器材、设施如果面向社会开放，不仅方便了群众，提高了场地的利用率，还为全民健身计划的落实提供了一定的物质条件。

全民健身运动在实现人的体育终身化方面，为学校体育的发展提供了良好的前景。众所周知，身体是人存在的物质基础。现代社会的发展对人的健康的要求越来越高，没有健康强壮的身体，是很难适应社会的，而终身体育对增强人的体质及健康有很大作用，能够使人有一个理想的体魄，更好地适应现代社会的需要。学校体育不单单是一种健康教育，它通过知识、技术和技能传授，使学生掌握可终身使用、终身受益的本领。但是这种本领掌握之后，只有经常运用，才能使人终身受益。中国人民大学的一项调查表明，我国每周只锻炼一次或几乎不参加体育锻炼的职工高达62.9%，国人参加体育锻炼的情况明显地呈现出"两头大，中间小"的形态，即少年儿童、退休老人积极参加体育锻炼，而绝大多数中年人极少参加体育锻炼。这说明人们在学校时能经常进行体育锻炼，但走向社会后却很少进行体育锻炼。有了终身体育的基础，却没有好好巩固，自然得不出体育终身化的结果。全民健身运动正是作为实现人的体育终身化的一种途径而被提倡的，为终身体育奠定了基础。从终身体育角度来讲，全民健身活动的开展为学校体育的发展提供了良好的前景。

全民健身运动极大地提高了社会举办体育活动的积极性，扩大了学校体育的范围，极大地丰富了学校体育的内容。因为学生不仅是学校体育的主体，还是家庭体育的重要成员、社会体育的一分子。除了在学校接受正规体育教育之外，家庭、社会对他们也有很大的影响。他们可以和家人或社会其他成员共同参加体育活动和竞赛，也可以在学校以外的体育场馆进行体育锻炼，锻炼的内容、形式也随着群众体育的多样化而变得灵活多样。

全民健身运动为学校体育的发展提供了良好的环境，而学校体育的发展对全民健身运动的开展起到了促进作用，两者是相辅相成的，在共同实现人的体育终身化过程中起到了重要的作用。

二、经济共享化——教育资源与高校体育

（一）共享经济

在"十三五"规划中，习近平总书记提出发展共享经济，共享经济及其所代表的商业形式正式成为国家层面上的战略规划。《中国共享经济发展年度报告（2019）》显示，2018 年共享经济市场交易额为 29 420 亿元，比上年增长41.6%；共享经济参与者人数约为 7.6 亿人，其中服务人数约为 7500 万人，同比增长 7.1%。共享经济推动服务业结构优化、快速发展和消费方式转型的新动能作用日益凸显。然而"共享"概念并不是新鲜产物，"共享"本身就是物质交换的初始形态之一。随着时代的发展，"共享"具有不同的时代内涵，尤其互联网、移动互联网的出现和普及赋予了"共享经济"崭新的内涵。学者普遍认为最早界定"共享经济"的是 1978 年的美国学者 Marcus Felson 和 Joe L Spaeth，他们指出共享经济是在一个由第三方创建的、以信息技术为基础的市场平台进行物品和服务的交换。以上观点成为时下界定"共享经济"内涵的基本依据，有跨时代价值，但是也具有局限性。

（二）高校体育资源实现社会共享的价值

高校体育场地是开展体育教学、技能训练、娱乐健身等活动的运动场所。体育场馆资源不仅包括体育场馆设施，还包括与之配套的教育教学资源。高校体育场馆资源实现社会共享是国家政策的要求，也是满足人民群众日益增长的锻炼需求的重要举措。在当前土地资源紧张的背景下，人们进行优质的公共体育锻炼、训练、培训等的资源极其匮乏，供给不足，致使体育事业产业化发展受到局限。[①] 而高校却拥有比较专业、完善的运动健身场馆，以及相匹配的专业教育教学资源。因此，在保证高校体育教学的前提下，鼓励和倡导闲置的体育场馆资源实现社会共享，不失为当前发展体育产业、促进体育消费、实现全民健身计划的一种有益尝试。

高校体育场馆资源实现社会共享至少有以下几项价值：一是闲置的体育场馆资源向社会开放，可以在一定程度上满足社会对健身场馆的要求，让人们享受高质量的体育场馆服务，推动全民健身事业的发展。二是将体育场馆设施资源向社会开放共享，可以将更多的资金吸引到高校，有利于高校体育场馆的设施维护和再建设，促进学校体育场馆的良性发展，达到双赢的目的。三是高校

---

① 　海天威.共享经济视角下实现高校体育教育资源社会共享探析 [J].当代体育科技，2020，10(8)：227-228.

体育场馆除了具有场地与设施优势外，还聚集了高素质的专业人才，具有人才优势和人文氛围，这是其他场馆无法相比的。四是为高校建立创新创业机制提供机遇。在"大众创业、万众创新"的时代背景下，各高校校内场地资源的社会共享为高校教师和学生在校创业提供了广阔的平台，共享经济的发展正在助推传统高校体育场馆资源管理模式不断探索创新，共享让其产生商业价值，其经济效益又可以反过来为教育教学服务，从而形成良性的管理生态。

高校将体育场地对社会开放并不是新鲜事，但是与现在新经济形态相匹配，取得较好经济效益的并不多，其中还存在不少问题。例如，管理模式比较单一；场地的管理服务意识和水平无法适应社会需求；营销机制不灵活，缺乏适应市场的宣传手段；缺乏有效的安全保障手段，增加了学校安全管理的难度等。这些问题将阻碍优质的高校体育资源面向社会共享的健康发展。因此，完善高校体育场馆的运营理念，建立健全高校体育场馆的运营机制对促进高校体育场地资源实现社会共享至关重要，并且已经成为高校优化资源配置、实现社会化改革创新的重要影响因素。

（三）高校体育场地资源实现社会共享的路径

1.建立和完善管理体制和办法，提高开放程度

在共享经济的大背景下，高校体育场馆资源的管理模式有别于传统管理的模式，因而高校有关管理部门和管理者需要拓展研究视域，结合高校自身特点，找准场馆资源与社会需求的契合点，运用共享经济的原理来制定和完善相关的管理体制和办法。目前，高校体育场馆资源的开放程度还不够高，需要切实可行的管理体制作为保障，形成相应的管理模式，助推高校体育场地资源社会共享的健康、可持续发展。

2.以"互联网+"技术为基础，构建宣传与互动式信息平台

在共享经济的大背景下，不能单纯地依靠高校实现资源分配，毕竟高校的首要职责仍然是教育与教学。依托第三方信息平台"去中介化"，通过网络"再中介化"来实现资源的分配，跨越时空局限将高校资源供给与社会需要相关联、对接，是当下共享经济不可缺少的措施与手段。

综上，共享经济的理念和模式已经陆续走入高校机制和管理创新的视野中。作为崭新的经济业态模式，有的高校已经探索出具有参考价值的探索路径，所以此研究视域不仅具有理论研究的意义，还有实践探索的价值。

三、教育国际化——文化传承与高校体育

（一）高校体育文化

1.高校体育文化的定义

所谓体育文化，是一种以人的体育行为为特征的社会现象，是由人对体育的需要、思想、理论方法等观念形态的内容和外在的各种体育活动以及活动的组织行为（包括活动的规模和设施建设）构成的。体育作为一种独特的文化形式，是社会总文化的重要组成部分，与其他文化现象在内容和功能上有许多相通之处，而特定的文化又与特定的社会制度和社会结构、社会过程和社会变化、社会生活方式有机地交织在一起。它是社会生活现象的浓缩与抽象，有着很强的生活性和逼真的生活模仿性，是生活的一种体验方式。只有当体育与学校教育这种文化现象发生联系时，才构成了以德、智、体、美为中心，并共同作用于教育对象的完整的教育体系，成为提高高校学生的素质和能力、改善其体质和精神状态、实现人的身心协调全面发展的教育手段，进而成为高校文化建设的重要内容。

2.高校体育文化的特征

（1）导向性。高校体育文化活动的具体内容丰富多彩。这些丰富的活动内容不仅使高校体育文化活动富有生机，提高了学生的文化素养，还对学生掌握多种体育知识和方法起到积极的作用。另外，大学生最终将告别校园，走向社会，他们将所学到的知识、所培养的爱好和体育锻炼习惯也一并带入社会，从而有助于全社会体育风气的形成，促进全民健身计划的实施。

（2）渗透性。高校体育文化作为一种意识形态和价值观念，以其浓郁的体育文化氛围培养和造就人才，影响着学生的思维方式、理想追求和行为习惯。高校的教学和科研活动是高校的主体文化，而体育文化则是校园主体文化的必要补充，并在主体文化的推动下渗透到所有领域。因此，高质量、高水平的体育文化对培养学生的创新意识、合作精神和坚强意志，有着不容忽视的作用。

（3）时代性。高校体育文化所涉及的范围应是全方位的。从主体上看，所有学生参与其中，包括教书育人、服务育人、环境育人、文化育人等教育方式；从内容上看，既包括精神文化培养、实践能力锻炼，又包括良好品质的养成、思想素质的提高等。20世纪50年代我国实行劳卫制，学校要求学生体育成绩达到等级运动员的标准；20世纪80年代掀起"女排热"；20世纪90年代初期掀起"足球热"；而今推行全民健身计划。国家的每一次活动都深深地影响着学校，甚至成为特定时代校园体育文化的主旋律。

　　总之，时代的体育精神感染着高校体育文化，高校体育文化又反映着时代的体育面貌。

　　（4）客观性。高校体育文化是在长期的教育实践中逐步形成的，是一种文化的历史积淀。它是在社会文化环境和学校本身发展的合力作用下形成的。虽然不排除人们的主观努力，但从总体上看是客观的、独立的。教育界有个共识：凡是体育工作有特色、对外声誉高的学校，一般都有优良的健康向上的体育文化。高校体育文化的建设作为一种客观存在的形态，总是会对学校的发展产生或正、或负、或大、或小的作用。

　　3.高校体育文化功能

　　（1）教育功能。高校体育文化在培养社会所需人才的总目标中担负着不可替代的重任，它通过有计划、有组织、有目的的训练、竞赛和课外俱乐部等活动内容，形成一种有意义的高校体育文化氛围。在这些活动中，教师传道、授业、解惑。一方面，他们通过各种形式传播体育文化知识；另一方面，他们又是体育文化建设主体，指导学生朝着健康而有序的方向永无止境地发展。这不仅增长了学生的体育才干，增进其身心健康，还促使学生树立崇高的理想，锻炼坚忍不拔的意志。

　　（2）创新功能。作为高校体育文化的主体，师生不满足于现状，企盼从事创造性的体育活动，继而创造出新的精神产品和文化财富，以符合时代的发展需要。从客观上来说，高校体育文化成为多种文化意识的温床，在这里容易产生新的思想和新的观念，产生强烈的创新意识和表现欲望，迸发新颖的思想火花。例如，有意识、有计划地安排学生制订实施一套健身计划，设计一个趣味游戏，指挥一场足球比赛等，不仅可以培养学生的思维能力和想象能力，还可以锻炼他们的实践能力和创新能力。

　　（3）娱乐功能。在大学里，繁忙的教学科研工作及学习使师生感到焦虑和疲劳，而高校体育文化可以调整情绪，消除疲劳。在丰富的高校体育文化活动中，不管是竞技项目还是休闲项目，普遍都带有浓厚的娱乐色彩，这正适应了师生的生理、心理特点，满足了师生的文化需要。在这些活动中，师生暂时忘掉了在工作和学习上的烦恼，缓解了焦虑和紧张等情绪，获得精神愉悦与自由，保持了乐观的情绪。

　　（4）育人功能。高校体育文化、体育教学以及其他课堂教学等共同担负着育人的责任。丰富多彩的体育文化可以弥补体育教学和其他课程教学的不足，促进学生体育知识、体育技术、体育技能的学习，拓展学生的知识领域，提高学生身体素质、身体机能、体育能力、自我锻炼能力及独立思考能力，也为展现学生个性创造了理想的环境和条件，有利于增强学生的自信心和社会活动能力。

总之，高校体育文化的育人作用主要体现为提高学生的身体素质、思想道德素质和科学文化素质，培养有理想、有道德、有纪律的一代新人。

（二）国际化背景下高校体育文化建设发展方向

1.高校体育人文价值观发展方向

高校体育人文价值观的发展和创新能最好地诠释和践行科学发展观，而科学发展观的基本要义就是以人为本。现今，政治体育和社会发展已经出现不适应性，建设高校体育文化的本质要求已经演变为对教师和学生权利的尊重及对其需求的满足，人文精神、人文理性及人文本质是高校体育文化的发展本质，保障高校体育文化建设的可持续发展。国际化背景下，高校体育文化必须以人文主义价值观来引领其建设发展方向。

2.高校体育文化多元化发展方向

从理论的视角能够发现，不同高校之间的地域特点及发展进程有所不同，高校的体育文化从本质上也呈现出多元化发展态势。但是，计划体制仍然对我国高校的教育和发展有一定的影响，体育文化建设内外动力相对缺乏。当前经济国际化环境及传统和创新并重思想引导背景下，高校文化的超越性和批判性使大学体育文化内源性动力出现变化。相应的，世界体育文化对我国体育体制也产生了一定的影响，我国体育正向国际化靠拢，这属于高校体育文化的外部推动力。所以，高校体育文化建设在内、外驱动力的推动下必须作出改变，向多元化方向发展，国际化背景下的高校体育文化急需向民族化、国际化、科学化及人文化方向迈进。

3.高校体育文化创新化发展方向

国际化背景下高校体育文化想要取得突破性成就必须具备创新意识，只有具备创新精神和意识，才能使高校始终保持一种向上勃发的态势。高校集合了全世界最前沿、最先进的理念和文化，具备社会上的任何组织所不具有的接受和融合文化的能力，敢于对未知的文化领域进行探索，能够以最睿智和敏锐的眼光去看待文化的发展。所以，高校体育文化建设应当将创新发展摆在核心位置，要以自身的发展需求和社会的要求为基点，积极挖掘体育文化资源，重构和选择有利于高校发展的体育文化体系，建设风格别致、底蕴深厚的高校体育文化。

（三）国际化背景下高校体育文化有效建设路径

1.建设独具魅力的高校物质文化

国际化背景下，高校体育文化的传承和见证都需要物质文化的支撑，加强高校体育物质文化建设刻不容缓。20世纪末，我国开始大规模开办和建设高校，各个地区的高校数量不断增多。新建高校为了打造学校独有的体育文化氛围大力兴建体育健身场所、运动场和体育馆。需要注意的是，物质文化的构建并非只是与高校生活、科研及教学相关的物质构建，这些事物并非文化，无法将学校的个性和文化定位体现出来，也无法将高校的核心竞争力彰显出来。必须经过高校管理者、教师及学生的共同努力，在长期的工作、教学及学习中赋予其思想，将体育精神融入工作、教学及学习中才能形成带有高校自身特点的体育物质文化。所以，高校应当将曾经见证过高校重大事件或具有历史文化的事物保存下来，这样才能将高校体育物质文化的独特魅力展现出来。

2. 加强人文主义精神软环境建设

文化层次理论将文化划分为3个层面，分别是基本假定、价值观及人造物。同样，在建设高校体育文化中，也可以将其划分为3个层面，其中的体育文化软环境建设就是中层和内层。人们可以将体育文化软环境看成是高校体育文化建设的一种生态环境，这种生态环境既能直接或间接地对体育文化发展产生一定作用，也能平衡高校体育文化体系中能量和物质的相互作用，很大程度上影响着体育文化的建设方向。立足于生态角度去看待高校体育文化，高校体育文化的发展及生存，需要全面研究高校自身所处的地理环境、人文生态、社会氛围及当时的文化氛围。

高校内层体育文化指的是体育的文化氛围、道德观、审美观及价值观。内层文化可以看成是高校体育文化建设的核心，其发展需要外层文化来承载。体育文化的中层基本是从宏观上体现出来的，包括高校体育的各种奖励管理制度、社会服务制度、宣传文化制度、竞赛训练制度、体育文化课程制度、与体育相关的各种课程制度等。体育文化中层是大学进行变革的起始，也是保证体育文化内层得以实现的关键，对内层文化朝着怎样的方向发展产生影响。不管是学校的发展、学生的发展，还是价值观的选择，都应当对健康的价值和生命的意义进行考虑，而人文主义建设正好符合这种要求。例如，清华大学倡导爱国主义、锻炼身体；北京大学倡导丰富校园文化、培养体育精神；耶鲁大学倡导运动不针对个人；哈佛大学倡导体育人人参与等。这些体育文化无疑都体现出了一种人文主义精神的目标和价值追求。因此，高校务必要加强人文主义精神软环境建设，这样才能为高校体育文化的建设提供发展的动力，在这样的氛围中教师和学生才能被激励，师生素养才能得到塑造和发展。

3. 融合接纳多种体育文化

从文化视角看，社会和大学对文化的选择实际上是相同的。高校怎样选择文化的方向受到社会主流文化及社会需要的影响，同样高校通过对文化的吸收和创造，对社会上的一些文化进行批判，一定程度上使社会文化的内涵得到发展和丰富，社会系统的价值方向和定位得到进一步明确。当今高校教育体制改革不断深入和推进，高校资源重组和整合的新态势使原先的封闭式和象牙塔式发展和建设方式不断发生改变，这些条条框框已经不能对高校吸收和同化外来文化产生限制，高校体育文化不断受到外来文化的影响。在这样的环境下，高校体育文化不仅是校园文化的一部分，还在不断与世界各学校的体育文化融合。高校体育文化是在特定的文化土壤中由特定的人群发展起来的，和其他文化有本质的区别，其在实际融合和接纳社会及外来体育文化过程中，势必会产生冲突。高校应当积极面对这种冲突，这也是高校体育文化创新的契机和动力源泉。

第四节　网络信息视角下的体育教育

一、网络教育技术的应用

信息技术的进步与发展推动了现代教育的改革与创新，现代教育技术也逐渐被关注并应用到实际教学过程中。高校体育教育应当重视自身的改革与发展，只有这样才能保证高校学生综合素质的不断提升，满足学生全面发展的实际需求。

受新冠肺炎疫情影响，全国高校延期开学，安排网络授课，教师成了"网络主播"，学生成了"观众"，全国师生"停课不停教、停课不停学"，吹响了教育战"疫"的号角。体育与健康课程大部分都是实践课，而传统的体育教学模式主要是教师以班级为单位的现场教学。因此，体育教学面临巨大的考验。在此背景下，现代教育技术手段与体育教育的结合是高校体育教育的大势所趋。目前的高校教育中，虽然仍有部分高校对体育教学不够重视，高校体育教学所处的地位依旧较低，当下大学生身体素质状况也不容乐观，但受终身体育理念影响，很多学校开始重视并重新审视高校体育教学的重要性与作用，积极结合现代教育技术对其教学方式进行改革与创新，为学生带来更高质量的高校体育教学。

结合现代网络教育技术，促进高校体育教学的改革与发展，已经成为新时代高校体育教育发展的重要方向。下面详细探究现代网络教育技术在高校体育教学中的应用问题。

（一）重点关注教学开发

高校体育教学的开发主要是以教学设计为基础，保证教学素材、信息资料等内容具有实际操作意义，常见的教学开发成果有多媒体教学课件、教案、微课视频等。以羽毛球教学为例，若选择视频教学，那么教师需要制作教学所需的专门视频并将其运用于课堂教学。在使用过程中，体育教师还需要及时用语言补充视频教材中缺少的知识点，保证其质量与内容的完整性，让这些内容可以真正用于课堂教学之中。

（二）合理设计教学内容

高校在进行体育教学的过程中，应当始终坚持终身体育的教学理念，利用该理念指导高校体育教学，并结合高校自身的实际发展情况设计体育课程内容、课程进度，选择合适的教学方式。以笔者所在高校为例，学校针对大二学生开设了羽毛球课程，在进行课程教学的过程中，体育教师可以利用视频为学生讲解相关的内容，也可以安排学生结合视频学习羽毛球技术动作，教师仅需从专业的角度指导学生掌握学习要点即可。需要注意的是，在进行高校体育教学设计过程中，必须保证教师的综合素质达到一定的水平，并且拥有较为丰富的教学经验，这样不但能使教学内容充分融入教学设计之中，还可以结合学校、学生的实际情况，保证整个设计的合理性、实操性与实用性。

（三）科学规划教学实践

教师必须重视教学准备的充足性，将掌握的知识与整理好的资料结合在一起，使学生更好地掌握这些知识内容。例如，教师在结合羽毛球的相关视频进行教学的过程中，应当事先深入挖掘整个视频的价值，保证能借助视频的力量更好地完成教学。只有这样，才能带给学生高质量的教学内容。教师也可以在某些部分给予学生有针对性的提示，使学生可以更深入地理解教师讲述的内容，提高高校体育教学的实效性。

二、多媒体技术的应用

多媒体技术、网络技术作为信息时代的两大支柱，给人类的生产、生活、交往、学习和思维方式等方面带来前所未有的变革，这种变革也不可避免地波及体育领域，对体育教学产生了巨大的冲击。随着现代媒体技术在体育教学中的广泛应用，媒体在体育教学中的重要性日益突显。它通过影响体育教学的各个方面，增强了教学效果，提高了教学效率。

体育教学媒体是指为达到体育教学目的，在体育教学过程中携带并传递教学信息，影响师生信息相互交流与传递的工具。它能存储、表达、传递和传播体育教学信息，能在体育教学过程中为人所选择、控制和操作使用。

体育教学常用的媒体是视听媒体和交互媒体，具体来说主要指视频、动画和计算机交互媒体。下面简单介绍几种常用的体育教学媒体。

（一）数字视频媒体

体育教学过程是动态过程，体育运动也是动态的过程，因此能够记录重放动态过程的视频是非常适合体育教学使用的。在诸多体育教学环节中，教师需要让学生掌握传统的动作技能套路，并能在此基础上灵活地应用与创造新的动作技能。在这个过程中，视频演示和动作分解具有非常好的效果。

在体育运动中，许多运动技术不但结构复杂，有些甚至需在一瞬间完成一连串复杂的动作（如体操的滚翻、单杠的回环动作等），而且是一些非常态动作，即日常生活中从来不使用的运动动作，这给教学带来很大难度。传统体育教学方式是教师在示范的基础上进行讲解，学生很难看清楚，而且教师自身的动作规范程度和水平也影响着学生的学习效果。利用数字视频技术，不仅可以挑选动作专业、标准的教练或者运动员录制的标准的动作示范，有效增强运动动作的规范性，还能够随时重放，或者使用慢动作、暂停等功能。此时教师可以讲解各分解动作要领，进而抓住动作的关键部分，突出重点、难点，帮助学生看清楚每一瞬间动作的技术细节，让学生更快、更全地建立起动作表象，增强认知阶段动作学习的教学效果。

（二）数字动画媒体

在讲解部分高难度动作时，靠传统教学手段挂图展示或教师的动作示范讲解往往达不到理想效果。为了解决这个问题，可以采用动画中的移动、旋转、定格、慢速播放、闪烁、色彩变化等效果，配以同步解说等手段来讲授教学内容，增强教学效果。例如，在技术动作讲解示范过程中，利用图形的移动、旋转、定格来演示运动的轨迹、动作过程及身体各部分的空间位置。再如，演示铅球投掷动作，可以利用动画将动作局部放大，慢速播放，免去教师大量的讲解示范，使学生在短时间内掌握动作细节，并且可以摒弃多余的复杂内容，直接显示技术要点。在某些项目的教学中，采用多媒体动画辅助教学可以让体育教学中的重难点清楚地呈现出来，帮助学生较好地掌握技术动作，提高教学效果和效率。

（三）多媒体交互课件

专为体育教学设计的计算机多媒体课件也是现代媒体技术在体育教学中的重要应用。一个精心设计、内容丰富、结构合理、层次分明的优秀课件，可以大大提高学习效率和效果。例如，把平面的、简单的资料形式，利用多媒体计算机综合处理能力及交互式特点予以集成，利用文字、图片、动画、影像等媒体，合理地呈现教学内容和创造逼真的教学情景，激发学生的积极性，提升教学效果。

三、现代信息技术的应用

（一）现代信息技术在高校体育教学资源中的应用

目前，教育发展两极分化现象始终存在于我国教育之中，优质的教学资源和师资大都集中在东部沿海地区，而现代信息技术的发展推动了网络教学资源平台的形成，能在一定程度上改变教育资源不平衡的现状。各地区的教师和学生都可以利用网络教学资源平台，自主学习全国各地优秀教师的上课资源。

网络教学资源平台能弥补大学体育课程较少的短板，现在大学体育课程课时普遍过少，教师在有限的时间内无法将课程内容完全教授给学生。[1]学生通过网络资源可进行课外自学，也可以根据自己的兴趣选择相应的体育课程，自由选择学习的时间，满足自身的个性发展的需求。教育者通过网络教学资源可以随时获取最新的体育知识和最先进的教学方法，并通过网络课程的形式第一时间传授给学生，激发学生的学习兴趣。另外，由于教师专业能力的专一性和自身条件的局限性，不能完美完成所有的体育教材内容。例如，一些高难动作在面对面授课的过程中，动作示范不规范、不连贯，无法通过动作演示让学生正确掌握动作的技术特点，解决学生遇到的问题。这时学生可以通过直接观看优秀教师的教学视频，学习规范的动作。网络的视频优点更在于，可以无限次地暂停、重复和慢放动作，使学生可以更为清晰地了解动作细节，针对自己薄弱的点进行反复观看、自主学习，建立起动作表象，通过自身思考理解动作，更快地掌握学习动作，提高教学效果。[2]这种自主学习的方法更有利于培养学生的体育意识和终身体育思想。

（二）现代信息技术在高校体育教学模式中的应用

与传统的挂图法、示范法相比，利用客户终端设备为学生播放与教学内容相关的微视频的方法有着明显的优势，它更加直观、生动，对于帮助学生建立正确的动作技能表象有很大作用。特别是目前还可以借助视频软件，如 Video

---

① 原颜东，郭坤，张志豪.现代信息技术在高校体育课堂教学中应用研究[J].体育世界（学术版），2018(8): 36-37.

② 张立滨.互联网时代背景下现代信息技术在高校排球教学中的应用分析[J].体育世界（学术版），2017(11): 113-114.

Pix 软件，将原本复杂的动作进行慢动作播放，让学生能够更清楚细致地看到所学技术动作，帮助学生迅速建立起正确的动作认知表象。利用客户终端，在学生进行技能学习时用平板电脑将学生的动作记录下来，进行即时的动作反馈，可以让学生第一时间感受自己的动作，了解自己动作中的不足，从而改进自己的动作，提高动作技能的学习效率。教师也可以将这些视频推送给所有的学生，并对动作进行点评，大大减少教师课堂上的组织时间，便于教师对课堂教学进行诊断，修正下一步的教学内容，提高课堂教学的效率。①

（三）现代信息技术在高校体育教学管理中的应用

当下高校体育教学中，课堂内外的脱节情况严重，许多学生进行运动的时间仅仅是每周的体育课课上时间。教师现在可以利用体育锻炼智能打卡 App 对学生进行监督，如可以让学生穿戴智能运动设备，将每天走路的步数进行统计，并由软件进行排名汇总推送到群内，以此作为学期成绩考核的依据；也可以利用智能运动软件让学生分享自己的运动经历和心得，晒出自己参加运动的照片，起到相互监督和激励的作用。通过使用此类智能应用，学生不仅锻炼了身体，还从根本上转变了学习方式，使学生不再是被动地参与体育活动，而是主动利用网络资源去探究学习。

信息技术与高校体育教学实现深度融合，能让高校的教学资源、教学模式、教育管理甚至是学校体系上升到一个新的高度。它不仅能将课堂与课下学习联系起来，充分延展体育课堂教学，还能将学校体育与健康教育有机结合，有效优化体育教育环境，提高教学质量。但是，高校体育与现代信息技术的深度融合现在依旧处于设想阶段，还有很长的路要走，这就需要体育工作者不断探索与创新。

---

① 廖萍．信息技术时代下体育教学变革的传播学审视 [D]．武汉：华中师范大学，2015．

参考文献

[1] 余以胜，胡汉雄.解读互联网＋[M].广州：华南理工大学出版社，2016.

[2] 王春丽，时小侬，王成云，等."互联网＋"视角下高职课堂教学模式研究[M].长春：吉林人民出版社，2016.

[3] 孔凌鹤，马腾.现代体育教学的多维分析与创新研究[M].北京：中国商务出版社，2016.

[4] 杨剑飞."互联网＋教育"新学习革命[M].北京：知识产权出版社，2016.

[5] 孔凌鹤，马腾.现代体育教学的多维分析与创新研究[M].北京：中国商务出版社，2016.

[6] 胡建国.对体育教育概念的初步探讨[J].青春岁月，2010(22): 59.

[7] 林庚.高中自主协作体育教学模式对学生自主学习能力的影响及分析[J].考试周刊，2014(A2): 112.

[8] 胡毓霞.高校自主协作体育教学模式对学生自主学习能力的影响分析[J].当代体育科技，2014, 4(33): 125–126.

[9] 王雪英.体育教学中的改革——在学生中实施自主、协作、创新的设想[J].科技信息，2012(30): 340.

[10] 李凤燕，陈小贺，刘永存，等.健身气功八段锦教学现状的研究进展[J].中国医药导报，2018, 15(34): 57–60.

[11] 吕晓龙.高校学生健身运动处方模式的应用及效果分析[J].体育风尚，2018(12): 232.

[12] 杨春玲，王钟音，张茜.健身运动处方教学模式对提高医学生身体素质的作用研究[J].继续医学教育，2015, 29(9): 38–39.

[13] 胡晓明.高校体育教学中应用"生态体育"教学模式的实践探索[J].休闲，2018(12): 239.

[14] 郭荣菊，郭荣娟.试析"生态体育"教学模式在高校体育教学中的应用[J].菏泽学院学报，2012, 34(2): 135–138.

[15] 邓罗平，许占鸣，张铁雄."生态体育"教学模式下高校体育改革与可持续发展[J].体育成人教育学刊，2008(1): 73-75.

[16] 孙万莉.高校体育俱乐部教学模式存在的问题分析及优化策略研究[J].大陆桥视野，2020(8): 110-113.

[17] 张强，蒋宁，陈诗强.浅析自主—合作体育俱乐部教学模式的教学设计[J].玉林师范学院学报，2015, 36(5): 75-79, 84.

[18] 姜洋梅朵."三联互动"在高校体育教学中的应用探析[J].湖北函授大学学报，2014, 27(12): 133-134.

[19] 章华夏，陈雷，孟令钗，等.新时期高校体育教学模式创新发展研究——评《高校体育教育创新理念与实践教学研究》[J].教育发展研究，2019, 39(24): 2.

[20] 潘华云.高校体育教学模式的现状、发展趋势与创新路径[J].中国成人教育，2013(21): 169-171.

[21] 李征宇.对建立高校体育目标管理系统的探讨与分析[J].科技信息，2010(28): 293.

[22] 赵农.对建立普通高校体育管理系统工程方法论的思考[J].山西师大体育学院学报，2000(2): 11-13.

[23] 邹晓丽.高校运动人体科学网络课程设计研究[J].当代体育科技，2015, 5(34): 16-18.

[24] 肖冰.《运动人体科学基础》网络课程的教学设计[J].价值工程，2011, 30(35): 172-173.

[25] 孙庆祝，黄大海，孙传宁.体育应用决策支持系统研究现状与展望[J].体育科学，2001(2): 43-46.

[26] 王洪磊，仇银霞，邵林海，等."互联网＋"视域下慕课在高校体育专业教学中的应用研究[J].运动精品，2019, 38(3): 1-2.

[27] 谭丹华."互联网＋"时代背景下高校体育教学翻转课堂模式探讨[J].吉林广播电视大学学报，2019(7): 96-98.

[28] 母顺碧，张爱华，赵泽顺，等."互联网＋"背景下体育专业理论课"微平台"教学互动实践研究[J].文体用品与科技，2019(8): 93-94.

[29] 王子谦，黄琦.基于移动互联网的高校体育手机 App 设计初探[J].计算机产品与流通，2019(5): 242.

[30] 马敏，贺森.利用"三通两平台"实现育人全过程[J].科教文汇(上旬刊)，2019(1): 156-157.

[31] 陈金平.浅谈体育教育与人类生存需要之关系 [J].企业导报,2011(18): 239–240.

[32] 汤加林."科技引领,健康第一"背景下体育教育的改革创新研究 [J].科技经济导刊,2020, 28(8): 180.

[33] 杨攀.论高校新课程体育教学模式科学化的研究 [J].体育科技文献通报,2016, 24(2): 78–79.

[34] 刘飞.从终身体育教育观看我国高校体育生活化发展 [J].科技资讯,2017, 15(17): 236–237.

[35] 海天威.共享经济视角下实现高校体育教育资源社会共享探析 [J].当代体育科技,2020, 10(8): 227–228.

[36] 李继锋,金承哲."互联网 +"移动终端学习平台与高校体育课程整合研究 [J].吉林化工学院学报,2017, 34(12): 71–74.

[37] 王建辉,邹鹏涛,杨俊.高校体育多媒体教学平台系统的建设研究 [J].北华航天工业学院学报,2011, 21(5): 59–62.

[38] 周碎平.论多媒体技术与高校体育课程整合对学校体育教学的影响 [J].湖北体育科技,2013, 32(5): 461–463.

[39] 原颜东,郭坤,张志豪.现代信息技术在高校体育课堂教学中应用研究 [J].体育世界 (学术版), 2018(8): 36–37.

[40] 张立滨.互联网时代背景下现代信息技术在高校排球教学中的应用分析 [J].体育世界 (学术版), 2017(11): 113–114.

[41] 杨玲,吴建逊.论高校体育信息化发展趋势 [J].体育科技文献通报,2015, 23(6): 22–23.

[42] 庄萍华,周晓军.浅谈高校体育教育中现代网络信息技术的运用 [J].南京体育学院学报 (自然科学版), 2014, 13(5): 98–101.

[43] 何文清.高校体育网络学习平台的构建研究 [J].广东技术师范学院学报,2011, 32(12): 85–87.

[44] 谢敏."互联网 + 教育"背景下的教学智慧研究 [D].长春 : 吉林大学,2016.

[45] 崔艳艳.我国普通高校体育教学环境研究 [D].石家庄 : 河北师范大学,2012.

[46] 刘倩倩.信息技术与体育教育专业本科课程整合的应用现状研究 [D].北京 : 北京体育大学,2007.

[47] 刘飞.吉林省独立学院体育教学模式探索与创新 [D].长春 : 东北师范大学,2010.

[48] 胡峻铭 . 基于网络的高校体育信息系统分析与设计研究 [D]. 武汉 : 湖北工业大学 , 2013.

[49] 万灵娟 . 高校体育智慧课堂教学模式设计及应用研究 [D]. 成都 : 成都体育学院 , 2019.

[50] 廖萍 . 信息技术时代下体育教学变革的传播学审视 [D]. 武汉 : 华中师范大学 , 2015.